LE DOUBLAGE

Thierry **Le Nouvel**

EYROLLES

CINÉ
métiers

Chez le même éditeur

W. Tumminello. – Techniques de storyboards.
N° 11942, 2007, 248 pages.

J. Van Silj. – Les techniques narratives du cinéma.
Les 100 plus grands procédés que tout réalisateur doit connaître.
N° 11761, 2007, 250 pages.

J. Vineyard. – Les plans au cinéma.
Les grands effets de cinéma que tout réalisateur doit connaître.
N° 11466, 2006, 138 pages.

O. Cotte. – Les Oscars du film d'animation.
Secrets de fabrication de 13 courts-métrages récompensés à Hollywood.
N° 11568, 2006, 280 pages.

C. Patmore. – Réaliser son premier court-métrage.
N° 11702, 2006, 142 pages.

C. Kenworthy. – 100 techniques de pros pour le cinéma amateur.
N° 11906, 2006, 192 pages.

S. D. Katz. – Mettre en scène pour le cinéma.
Mouvements d'acteurs et de caméras.
N° 11772, 2006, 300 pages.

S. D. Katz. – Réaliser ses films plan par plan.
Concevoir et visualiser sa mise en images.
N° 11682, 2005, 332 pages.

R. Williams. – Techniques d'animation.
N° 11261, 2003, 342 pages.

© 2007, Éditions Eyrollles pour la présente édition.
Groupe Eyrolles
61, bd Saint-Germain
75240 Paris Cedex 05
www.editions-eyrolles.com
Création maquette et mise en pages :
Chantal Guézet, Encre Blanche
ISBN : 978-2-212-12133-9

Remerciements

La fortune, parfois, se plaît à faire hériter à certains auteurs la rédaction d'ouvrages qu'il appartenait à d'autres d'écrire... Pourtant, avouer que le caprice de la chance se l'est seulement disputé au hasard objectif des rencontres ne serait que médiocrité et pauvreté d'âme. Le fond de cet ouvrage doit à la patience, à l'érudition ainsi qu'à la générosité sans faille d'un ami de l'ombre, Guy Desdames. Qu'il soit ici, dans la pleine lumière de la dédicace, remercié.

Ma reconnaissance s'adresse également à Véronique Agranier, Haval Arslan, Francine Aubert, Jacques Barclay, Roger Bardelot, Fatima Bourezg, Cathie Cariou, Éric Caumont, Manuel Echenoz, Frédéric Fiard, Yves Gambier, Zeynep Geles, Emmanuel Jacomy, Gilbert Kikohine, Christophe Lang, Jean-Pierre Lebrun, Jean-Claude Le Ny, Paul Memmi, Philippe Millet, Françoise et Philippe Murcier, Jacques Orth, Laurence Perrine, Philippe Ringenbach, Silvio Torrubia et Denis Wallois qui ont chacun contribué, par leur témoignage, leur gentillesse et leur amitié, au corps de ce livre.

Avant-propos

Depuis plus de cent ans, l'industrie du cinéma fait rêver. Qui n'a jamais émis le souhait d'approcher ce milieu tout auréolé de merveilleux et teinté de magie ? L'édition pléthorique de livres sur les métiers cinématographiques alimente ce fantasme, de même que les diverses écoles de cinéma, de spectacle et de communication qui prodiguent, dans des fortunes diverses, des formations aux métiers dits « nobles » du septième art.

À l'ombre de ces professions fantasmées donnant idéalement accès à la grande porte de l'industrie du rêve – mais, hélas, menant le plus souvent au placard des chimères –, il est des métiers obscurs y permettant une entrée réelle : les métiers du doublage.

Associées parfois à la traduction des titres originaux de films étrangers, le plus souvent à l'expérience de séries télévisées, restent attachées au terme générique du doublage des idées d'approximation, de médiocrité ou de ridicule. Pour exact qu'il soit (il suffit de se souvenir du terrible *Certains l'aiment chaud* pour *Some like it hot* ou, sur petit écran, de l'emblématique série des *Feux de l'Amour*), il ne faudrait pas que ce ressenti, en partie injustifié comme nous allons le voir, occulte l'incroyable conjugaison de talents et de compétences qu'exige la filière du doublage. Les métiers y sont multiples et évolutifs, les demandes récurrentes et les besoins grandissants.

Afin de saisir l'intérêt et le contour de ces métiers de l'ombre qui œuvrent, pour le plaisir du plus grand nombre, à la magie du cinéma, il convient d'avoir une idée claire de la place qu'ils occupent dans l'industrie de la postproduction. Il nous faut donc quitter la lumière et les ors du spectacle pour la face obscure de sa fabrication et rentrer brièvement dans l'histoire.

Sommaire

Le doublage dans l'histoire et l'industrie du cinéma ... 1

Du muet au parlant 2
Versions multiples et postsynchronisation 3
Doublage et sous-titrage 5

Le doublage dans l'industrie cinématographique 6
Les données économiques 7
L'enjeu européen 8

Les métiers du doublage 10
Organisation des métiers 11

Les bases techniques 15

Le matériau de doublage 16
Le montage 16

La codification ou lypsinc 19
Métamorphoses de la bande rythmo 20
Les signes de l'image 21
Les signes mimiques et les ponctuations visuelles et sonores 24
Les signes du son 24
Le PAD 26

Les outils 30

Les fiches métiers 33

Le détecteur 34
Le tableau de bord ou « croisillé » 35
Évolution du métier 35
Profil, formation et statut 38
Les conseils du pro 40

L'adaptateur dialoguiste 41
Contraintes et autocensure 43
Singularité du doublage 45
La contextualisation 46
La concordance lexicale, les itérations et le génie de la langue 47

Les niveaux de langage 48
Sous-titrage, voice over et audiodescription 50
Profil, formation et statut 52
Les conseils du pro 56

Le directeur artistique ou chef de plateau 58
Choix subjectifs et esthétiques 60
Phase de vérification 61
Plan de travail et enregistrement 62
Respect de l'œuvre originale 63
Principes fondamentaux 63
Profil, formation et statut 64
Les conseils du pro 65

Le calligraphe 66
Évolution de la calligraphie 68
Profil, formation et statut 69
Les conseils du pro 70

Le comédien 71
L'enregistrement 72
Le métier 74
Humilité du comédien et mort de l'artiste 74
Profil, formation et statut 75
Les conseils du pro 76

Annexes 77

Lexique 78

Écoles et formations 82

Studios de doublage 85

Machines et fournisseurs 90

Sites dédiés au cinéma et au doublage 91

Adresses utiles 92

Bibliographie 95

Filmographie 95

Le doublage dans l'histoire et l'industrie du cinéma

Du muet au parlant

Dix-huit ans après l'invention du gramophone, c'est-à-dire la reproduction du son par Thomas Edison et le poète Charles Cros, les frères Lumière inventèrent le cinématographe. C'était le 28 décembre 1895 dans le salon indien du Grand Café, boulevard des Capucines. Les places étaient payantes. Le septième art naissant avait un coût ; son succès en fit une industrie. Dès lors, la préoccupation première fut de réduire ce décalage qui pour être historique n'en restait pas moins physique : coller synchroniquement[1] le son à l'image.

Les premières maisons de synchronisation s'inventèrent dans la profession de bonimenteur ou bonisseur – forme première de la voix off*[2] ou du voice over* – qui avait pour fonction de commenter l'action et d'expliquer l'intrigue du film aux spectateurs. Parallèlement, les inventions se multiplièrent pour tenter d'asservir le gramophone à la caméra et au projecteur.

Dès 1900, les premiers films sonores contournèrent ce problème en collant l'image au son. Par là même, ils inventèrent tout à la fois le premier play-back de l'histoire, le Scopitone et le clip. En effet, le play-back (ou présonorisation), qui est l'antonyme du doublage et de la postsynchronisation, consiste à conformer au mieux une image à une bande sonore préexistante. Ces bandes sonores étaient des chansons gravées sur des galettes de cire. Il appartenait donc au chanteur ou au comédien de caler devant la caméra ses gestes et le mouvement de ses lèvres en fonction du rythme de la musique et des paroles de la chanson (le principe reste en vigueur aujourd'hui).

Léon Gaumont synchronisa le phonographe et le projecteur grâce à un couplage électrique, Alice Guy réalisa les phonoscènes ou « tableaux sonores », et d'illustrative qu'elle était, la musique n'allait pas tarder à devenir inséparable de l'image et ouvrir le septième art à sa modernité.

Cependant, le synchronisme* restait le problème du cinéma sonore. Nombreux étaient les films dont le son commençait en

1. C'est-à-dire diffuser simultanément l'image et le son. Voir aussi le lexique en annexes.

2. Tous les mots suivis d'un astérisque sont définis dans le lexique.

3. Dans ce procédé, le synchronisme est assuré par le projecteur qui envoie des impulsions électriques au ciné-pupitre. Ce dernier fait avancer « une bande continue sur laquelle sont inscrits le texte des commentaires ou les portées de la partition musicale. Cette bande défile devant une fenêtre lumineuse à une cadence censée correspondre à celle du film. » (Serge Bromberg, « À la recherche du son », DVD *Les Premiers Pas du cinéma*, Lobster Films/Histoire, 2003).

avance de l'image ou ceux dont les personnages remuaient encore les lèvres alors que la chanson était finie. De même, les orchestres ou les organistes de cinéma suivaient à vue le film dans ses péripéties, laissant les départs, les arrêts et les changements de climats dans une douce approximation.

Il fallut, semble-t-il, toute la rigueur de Paul Hindemith, jeune révolutionnaire de la musique né avec le cinéma, professeur de composition à la Hochschule für Musik de Berlin, pour asseoir le synchronisme de la musique vivante et du film. En 1927, dans le cadre du festival de Baden-Baden, Hindemith utilisa une machine – que l'on peut assimiler au pupitre synchronisateur ou ciné-pupitre élaboré par Charles Delacommune au début des années 1920 [3] – lui permettant de suivre la partition qui défilait au rythme de la projection du dessin animé *Félix au cirque*, et d'exécuter ainsi en regard sa musique pour piano.

C'est ce procédé rythmographique, cette bande rythmo* des origines, qui se retrouve aujourd'hui encore dans la postsynchronisation* et les métiers du doublage des pays francophones. Par une étrange simultanéité qui régit souvent l'histoire des inventions, 1927 fut aussi l'année du *Chanteur de jazz* (*The Jazz Singer*), où se raconte et se chante l'histoire d'un chantre de synagogue qui poursuit le rêve de devenir chanteur de jazz. Ce film d'Alan Crosland qui inaugure, à la suite de son *Don Juan* (réalisé en 1926), le genre de la comédie musicale, marque l'avènement du synchronisme labial maîtrisé : une minute et vingt secondes de parole, trois cent cinquante-quatre mots qui redonnent voix à la confusion des langues et ouvrent la production cinématographique au miracle du doublage.

Versions multiples et postsynchronisation

L'abandon du gramophone, l'invention de nouveaux procédés d'enregistrement optique et électroacoustique du son assirent définitivement le synchronisme et le film parlant. L'universalité vers laquelle tendait l'expression cinématographique originelle se désagrégea alors dans les cinémas nationaux. Le monde du cinéma muet devenait d'un coup un monde du passé. Il fallut, pour les producteurs, insonoriser les studios de tournage et les caméras, pour les distributeurs, uniformiser le défilement de la pellicule à la projection (24 images par seconde) et sonoriser les salles, et, pour les réalisateurs, réduire pour un temps le champ de leur recherche esthétique, le son direct se révélant une entrave technique à la liberté de la mise en scène et à celle des mouvements d'appareil. Toute modernité a un prix. De linguistique, le problème devenait économique, les films se devant de parler la langue du pays de diffusion pour pouvoir s'exporter désormais.

L'industrie hollywoodienne et européenne se lancèrent alors dans la production de films en « versions multiples ». Ces versions, qui s'apparentaient plus à des décalcomanies qu'à des remakes, suivaient rigoureusement le scénario du film original. Elles se tournaient simultanément dans des langues différentes, dans le même studio, dans les mêmes décors, dans les mêmes costumes, suivant un découpage similaire, et sous la direction parfois du même metteur en scène, souvent d'un metteur en scène différent. Le casting, lui, évoluait en fonction des langues étrangères maîtrisées ou non par les comédiens, et au gré de leur aura nationale. C'est ainsi, par exemple, que Laurel et Hardy jouèrent phonétiquement en langue étrangère dans de nombreuses versions multiples de leurs films.

Suivant la technique de postsynchronisation inaugurée en 1924 dans les dessins animés de Max Fleischer, puis reprise par Walt Disney dans *Steamboat Willie* en 1928, les Américains développèrent le *dubbing* ou *synchronization*, c'est-à-dire l'enregistrement du son et sa synchronisation postérieurement à l'image réalisée. À cet égard, *Hallelujah* de King Vidor, réalisé en 1929, est considéré comme le premier long métrage entièrement doublé (dans l'acception précise de la postsynchronisation). La petite histoire raconte, elle, que le film doit sa facture au retard du camion de son sur le lieu de tournage, à Memphis. Cette défection obligea Vidor à commencer son film en muet puis, heureux d'être ainsi libéré des contraintes de la prise de son direct, à le réaliser entièrement de la même façon.

Doublage et sous-titrage

Rapidement, le sous-titrage et le doublage investirent les films originaux ainsi que les versions multiples. Plusieurs films gardent la trace de ces évolutions techniques et de leur adaptation aux divers pays de diffusion. Ainsi, le film de Josef von Sternberg, *L'Ange bleu*, dont il existe deux versions en 1930, l'une allemande *Der Blaue Engel*, l'autre anglaise *The Blue Angel*, a été projeté au Studio des Ursulines, à Paris, alternativement en version française et en version intégrale allemande – la version française n'étant au demeurant que la version anglaise sous-titrée ponctuellement en français.

Suivant le découpage du film, la taille et la position des personnages dans l'espace du cadre, les plans originaux pouvaient aisément être réutilisés dans les versions multiples et doublés dans une autre langue. Ce procédé permit une rationalisation de la production tout autant que des économies substantielles. L'arrivée massive de ces versions sur le marché obligèrent bientôt la France, l'Allemagne et la Grande-Bretagne à les contingenter afin de préserver leur production nationale.

Le mot de doublage se substitua en France à celui de *dubbing* et cette activité fut créditée au générique des films. Ainsi dans *Une Histoire d'amour* (1933) de Max Ophuls, « version multiple » de *Libelei* (1932), est-elle assurée, entre autres, par Erich Paul Radzac. De mémoire de doubleur, ce serait ce même Radzac qui, de retour d'Allemagne, aurait introduit en France la bande rythmo inventée en 1927 pour la projection de *Félix le chat* à Baden-Baden. Ce détail serait sans importance si ce n'est que l'usage de la bande rythmo dans le doublage (à savoir la lecture par les comédiens des dialogues traduits et calligraphiés sur une bande transparente défilant synchroniquement avec l'image) allait se développer et se pérenniser de façon singulière et unique en France. Aujourd'hui encore, la bande rythmo reste largement inusitée dans les pays non francophones, ces derniers doublant les films à vue, boucle* par boucle (c'est-à-dire par segment ou fragment de scène), voire phrase par phrase comme en Allemagne, en apprenant par cœur la traduction correspondante.

Quelle que soit l'influence réelle ou fictive de ce Radzac, à sa suite s'établirent des familles et dynasties de doubleurs* (au sens de sociétés de doublage) : les Kikohine qui rachetèrent son matériel, mais aussi les Tzipine ou les Déméhoc. Toutes insufflèrent un professionnalisme et une rigueur intellectuelle qui feront du doublage français, jusqu'à aujourd'hui, un des meilleurs d'Europe si ce n'est du monde.

Au milieu des années 1930, le cinéma français vivait pleinement son âge d'or (les productions françaises réalisaient 70 % de l'ensemble des recettes collectées dans les salles de cinéma), et une demi-douzaine d'années à peine après leur apparition, les films en versions multiples disparurent des écrans.

Le doublage dans l'industrie cinématographique

Le doublage suivit alors l'évolution du monde et des idéologies, et épousa le septième art dans l'instrumentalisation de la propagande. Hitler éructa ses discours dans la langue de Dante aux actualités italiennes, et le film antisémite allemand de Veit Harlan *Jud Süß* (*Le Juif Süß*), sorti à la Mostra de Venise le 5 septembre 1940, fut diffusé avec succès dans toute l'Europe occupée (plus de vingt millions de spectateurs) en versions doublées et sous-titrées.

La nuit et le brouillard de la Seconde Guerre mondiale se répandirent sur l'Europe et, suivant l'administration nazie, le régime de Vichy étendit le contrôle de l'État sur l'industrie cinématographique française. C'est ce système dirigiste et corporatiste, fait d'aides financières et de réglementations, hérité de l'Occupation, qui perdure depuis près de soixante-dix ans en France. C'est donc tout naturellement qu'au sortir de la Seconde Guerre mondiale, le doublage entra dans le code de l'industrie cinématographique française où divers décrets rythment depuis lors son histoire.

Dès 1949, pour faire face à la puissance hollywoodienne tout autant que par souci de relancer son industrie cinématographique, la France se dota d'une loi subordonnant l'obtention du visa d'exploitation d'un film doublé en langue française à l'obligation de réaliser le doublage « dans les studios situés en territoire français ». Cette loi fut prorogée en 1961[4], année où le Centre national du cinéma (CNC), reprenant la classification spécifique des salles « d'avant-garde » ou « salles spécialisées » d'avant-guerre, détermina quelles salles méritaient le nom « d'art et essai ».

Cette dénomination qui, à l'origine, coïncidait avec la diffusion des films étrangers en version originale, établit, au fil des années, une rupture intellectuelle entre une élite avertie goûtant l'art cinématographique d'un auteur dans son « jus original » et le grand public qui, lui, accède aux films étrangers, le plus souvent commerciaux, par le truchement de la « grande soupe » du doublage. Le doublage devint synonyme de dépréciation dans la conscience des critiques. Que cette brève histoire soit donc l'occasion de rendre hommage à Jacques Wilmetz, Richard Heinz, Gérard Cohen, Jacques Barclay ou Philippe Murcier, tous ces artisans de l'ombre qui ont œuvré et œuvrent encore aujourd'hui au doublage des œuvres de Wyler, Welles, Fellini, Visconti, Ford, Hawks, Hitchcock ou Wenders.

Les données économiques

Suivant l'évolution du monde, la réglementation se modifia au diapason de la construction européenne, excluant des contraintes de l'article 18 les films « ayant la nationalité d'un ou

4. Décret d'application n° 61-62, article 18, du 18 janvier 1961.

de plusieurs des États membres de la Communauté économique européenne »[5], puis ceux des autres pays et territoires de l'espace économique de la Communauté européenne élargie[6].

Depuis près de cinquante ans, ces décrets ne cessent d'alimenter les griefs du Québec à l'encontre de la France. En effet, les Québécois, qui se sont lancés dans l'industrie du doublage au début des années 1960, y voient un protectionnisme abusif se traduisant par l'embargo commercial de leurs doublages. Malgré les tensions, la France fait front, non pas tant, peut-être, par la force de la mobilisation syndicale que par la pression de l'audience et des annonceurs, le doublage occupant en effet 60 % des programmes de télévision.

Les chiffres du doublage

Aujourd'hui, 80 % de l'exploitation des longs métrages étrangers en France se fait en version doublée. L'industrie française du doublage traite 10 000 heures de programmes par an pour un chiffre d'affaires de 150 millions d'euros environ. 86 % de ces 10 000 heures de programmes doublés sont originellement en anglais, 9 % en allemand et 5 % en d'autres langues. 50 % de ces 150 millions d'euros, sont affectés aux comédiens, 25 % aux auditoria* et 15 % aux doubleurs. Les 10 % restant vont à la production de la bande rythmo, c'est-à-dire à la détection, l'adaptation, la calligraphie et la dactylographie.

L'enjeu européen

Au fil des années, notre pays a acquis une expertise et un savoir-faire uniques pouvant se traduire, avec l'utilisation de la bande rythmo, comme « l'expression d'une véritable exception culturelle ». Pourtant, l'enjeu de cette industrie est européen.

Rappelons-le, le doublage n'existe pas à proprement parler aux États-Unis (le *dubbing* n'est pas le doublage tel que nous le

5. Décret n° 67-260, du 23 mars 1967.

6. Décret n° 92-446, du 15 mai 1992.

connaissons en Europe, mais la postsynchronisation). Forte de son marché intérieur, l'industrie cinématographique américaine laisse donc à ses filiales européennes le soin d'assurer le doublage de ses produits, celles-ci passant contrat sur le terrain avec différents doubleurs qui en assurent la maîtrise d'ouvrage.

À l'inverse, il est surprenant de voir que l'investissement de l'industrie cinématographique européenne pour distribuer ses films en langue anglaise sur le marché américain est quasi nul (3 % de parts de marché seulement). Certes, les Américains jouent eux aussi de leur « exception culturelle », arguant d'une différence sociologique européenne incompatible avec leurs repères ou standards nationaux. On peut se demander, à bon droit, pourquoi les Européens, eux, sont perméables à leurs produits...

Cependant, il est une autre incohérence, bien plus choquante, car propre à l'Europe, qui se niche au cœur même de son industrie cinématographique : l'Europe produit plus de films que les États-Unis, mais un quart seulement de ses films sont présentés hors du pays dans lequel ils ont été réalisés. Cette atonie ou ce manque de compétitivité européenne laisse perplexe. Alors que le doublage profiterait à la richesse du marché européen et au partage des échanges, il ne sert principalement que les intérêts des Majors (qui réalisent, elles, la moitié de leurs recettes en salle au sein même de la CEE).

Cette faible circulation des films en dehors de leur marché national dessert la diversité et la richesse culturelle du marché audiovisuel européen. Pour y remédier, l'Europe aurait tout intérêt à s'inspirer des États-Unis en maîtrisant de façon égale la production et la distribution. Cet état de fait se traduit non seulement par la réduction de moyens alloués à cette filière (budgets, délais, droits d'auteur), mais aussi par sa non-professionnalisation ou déprofessionnalisation croissante. Pour partie, cette détestation est culturelle et intellectuelle. Les temps ne sont pas si éloignés où les comédiens eux-mêmes considéraient le doublage comme la pire des bassesses. « Plutôt le porno que le doublage ! » était le sceau de leur exigence. William

Shakespeare n'est pourtant pas moins indigne joué en français dans une adaptation d'Yves Bonnefoy, Charles Baudelaire traduit en allemand par Walter Benjamin, ou encore Louis Ferdinand Céline traduit en russe par Elsa Triolet...

Les métiers du doublage

Dans sa définition la plus large, la postproduction correspond à tous les travaux faits sur un film après le tournage, c'est-à-dire le montage image et son, les trucages, le bruitage, le mixage, la musique, le générique et l'étalonnage.

Comme nous l'avons vu, lorsqu'un film ou une série télévisée produit en langue étrangère est destiné à une carrière commerciale dans un pays de langue différente, il convient de le conformer aux canaux de diffusion – cinéma, télévision, DVD – ainsi qu'à la langue du pays. Par ailleurs, il se peut que tout ou partie du son d'un film soit à refaire pour des raisons diverses (son direct défaillant, traitement particulier, primauté laissée à la mise en scène et aux mouvements d'appareil, etc.). C'est alors qu'interviennent la postsynchronisation et le doublage des œuvres audiovisuelles, en bout de chaîne de l'industrie de la postproduction, après le montage, les trucages, le bruitage, etc.

Le doublage, en France, hérite des queues de production, c'est-à-dire des restes budgétaires. Le film étranger (américain) étant déjà amorti sur son territoire national, les Majors se préoccupent du marché extérieur au coup par coup. Au Canada, par contre, se développe le procédé « Day and Date », c'est-à-dire la commercialisation simultanée des versions française et anglaise d'un long métrage grâce à une coordination technique permettant de réaliser le doublage parallèlement au montage. Si, dans cette chaîne industrielle de la postsynchronisation au sens large, quelques métiers apparaissent comme transversaux [7],

7. Ces métiers ne seront donc pas détaillés dans cet ouvrage.

tels les techniciens de nodal*, les recorders*, les monteurs ou encore les ingénieurs du son et les mixeurs*, le doublage fait appel à des compétences particulières : détecteurs, adaptateurs dialoguistes, directeurs artistiques, calligraphes, comédiens.

Organisation des métiers

Le film à doubler est confié à un doubleur c'est-à-dire à une entreprise dont le métier est de traiter la postsynchronisation et le doublage. Ce doubleur, pour des raisons économiques ou technologiques (grâce à l'évolution des outils et des machines amorcée dans les années 1980), peut externaliser certaines tâches telles que la détection, la traduction et la calligraphie.

Le métier de détecteur est, chronologiquement, le premier dans l'élaboration de la bande rythmo[8]. Il consiste à retranscrire image par image, sur cette bande rythmo, le mouvement des lèvres des comédiens, les dialogues originaux qui y correspondent ainsi que les changements ou transitions entre les plans. C'est sur cette même bande et en regard de la codification rigoureuse réalisée par le détecteur, garante du synchronisme labial, que l'adaptateur dialoguiste va ensuite coucher son texte. Puis, par souci de lisibilité et afin de faciliter le jeu des comédiens, le calligraphe va réécrire ce texte sur une bande de celluloïd transparente.

L'ensemble de ces métiers est coordonné par un directeur artistique ou un chef de plateau qui est également chargé de la distribution des rôles (c'est-à-dire du casting des voix), de la vérification de l'adaptation, de la direction de l'enregistrement et du rendu général du film. C'est sous son contrôle, en référence directe à la version originale, que se fait le mixage définitif de la version doublée où les nouveaux dialogues sont incorporés à la version internationale. L'ingénieur du son vérifie le synchronisme de l'enregistrement et l'améliore, si besoin est, en décalant les voix ou en jouant sur leur vitesse de défilement.

8. La bande rythmo est une pellicule 35 mm non émulsionnée qui va servir de fil directeur tout au long de la chaîne du doublage. Voir aussi page 20 et dans le lexique, en fin d'ouvrage.

De la VO à la VF, les étapes de la chaîne du doublage

Doubleur

1. **Réception** du film VO (image et son).

↓

Directeur artistique/Chef de plateau, Superviseur*

2. **Projection** ou visionnage du film en auditorium avec les responsables du doublage pour en saisir le style, le public visé, et envisager éventuellement le casting et l'adaptateur.

↓

Doubleur/Détecteur externe

3. **Détection.** Repérage image par image du mouvement des lèvres de chaque personnage et transcription des dialogues originaux sur la bande rythmo. Cette étape peut se faire en interne chez le doubleur ou être externalisée.

↓

Adaptateur

4. **Adaptation.** L'adaptateur transpose, sur la bande rythmo détectée, les dialogues de la langue source dans la langue cible, en tenant compte des référents culturels et du mouvement des lèvres. Ici, la bande rythmo devient bande mère. L'adaptateur est un intervenant externe choisi par le doubleur, le directeur artistique, le superviseur ou le client.

↓

Adaptateur, Directeur artistique

5. **Vérification.** Le directeur artistique contrôle en auditorium, avec l'adaptateur, la justesse des dialogues adaptés. Suivant ses recommandations, l'adaptateur peut être amené à réécrire certains dialogues.

↓

Doubleur/Calligraphe

6. Calligraphie. Décalque de l'adaptation sur une bande de celluloïd transparente, la forme des lettres reproduisant au mieux l'intonation et la prosodie originales des personnages. En parallèle, les dialogues adaptés sont saisis informatiquement. Cette étape peut se faire en interne chez le doubleur ou être externalisée.

Directeur artistique

7. Direction artistique. Élaboration du plan de travail, essais de voix et casting définitif. Convocation des comédiens. Cette étape peut se faire en interne chez le doubleur ou être externalisée.

Directeur artistique/Chef de plateau, Comédiens, Superviseur

8. Enregistrement en auditorium. Le directeur artistique raconte l'intrigue du film aux comédiens, entre dans le profil psychologique des personnages pour les guider au mieux dans l'interprétation de leur rôle.

Mixeur/Ingénieur du son, Directeur artistique

9. Mixage en auditorium de la VI et des voix. Suivant les cas, calage et resynchronisation des dialogues.

Doubleur

10. Envoi du film en VF chez le client.

Note : les phases 5, 6 et 7 sont presque simultanées, voire parallèles.

Le cycle de métamorphoses s'achève alors ; le visa d'exploitation accordé, le film peut, avec sa voix nouvelle, regagner le chemin des salles et de la diffusion.

Entre le moment où un studio de doublage reçoit la commande d'un long métrage de cinéma et la sortie de ce film doublé en salle, 3 à 5 semaines seulement s'écoulent, pour un coût moyen de production de 55 000 euros. À titre de comparaison, il convient de diviser le temps par quatre et le prix par dix pour les films à caractère pornographique.

Doublage, sous-titrage et sigles

Une fois doublés et sous-titrés, les films « entrent en siglaison », témoignage de leurs multiples transformations et de leur exploitation commerciale.

Ainsi, la VO (version originale) d'un film, qui est généralement couplée avec une VI (version internationale) où sont reproduites la musique et les ambiances du film, se transforme en VD (version doublée ou *dubbed version*) à laquelle est adjointe l'initiale de la langue du pays de diffusion. Cette VD devient donc VF ou VDF (version française ou version doublée en français) lorsque le film est destiné aux pays francophones, ou encore VFQ lorsque le doublage s'effectue au Québec et VFB quand il est réalisé en Belgique. Cette VO peut également se transformer en VOST (version originale sous-titrée) lorsqu'on adjoint à la bande sonore originale la traduction de sous-titres en bas de l'image, et par voie de conséquence en VOSTF (version originale sous-titrée français) lorsque le sous-titrage est en français.

Il se peut que la version originale d'un film diffère de la « version officielle » désirée par un réalisateur. Ainsi, Pier Paolo Pasolini voulait-il que la « version officielle » de *Salo et les 120 jours de Sodome* soit celle de la langue du Marquis de Sade, c'est-à-dire la version doublée en langue française et non celle réalisée en italien. De même considérait-il que la « version officielle » des *Contes de Canterbury* (*Canterbury Tales*) devait être celle de la version anglaise, version qui rendait pleinement grâce au langage réaliste de Geoffrey Chaucer, et non la version italienne (*I Racconti di Canterbury*).

Les bases techniques

Le matériau de doublage

Schématiquement, le matériau de doublage est une copie du film en version originale (VO) à laquelle est jointe la retranscription des dialogues originaux. Cette copie, qui à l'origine était sur un support de celluloïd (une pellicule 35 mm), s'est substituée au gré des évolutions techniques à une bande vidéo en Betacam SP ou numérique, et tend aujourd'hui à n'être plus qu'un DVD ou même un simple fichier informatique.

Cette version originale se double d'une version internationale (VI - M & E en anglais, soit *Music and Effects*) où ne subsistent que les éléments sonores exploitables quelle que soit la langue : la musique et le bruitage. Cependant, dans nombre de séries télévisées (le plus souvent dans les soaps*), la VI se résume à la seule musique.

Le matériau est donc triple (retranscription, image et son) ; c'est ce matériau que le détecteur, qui est le premier maillon de la chaîne du doublage, va analyser et codifier. Mais ce travail d'analyse et de codification n'est possible que s'il a déjà fait siennes certaines notions techniques de base touchant au montage.

Le montage

Le terme de montage regroupe, dans son sens usuel, une opération double où les éléments visuels et sonores recueillis au cours du tournage sont assemblés de façon matérielle[1] et agencés de façon stylistique afin de composer l'œuvre cinématographique, c'est-à-dire le film.

Un plan* est un segment de film dont la valeur peut être déterminée tout à la fois par sa durée, l'axe optique de la caméra, le mouvement de l'appareil et le rapport de proportions entre le sujet ou l'objet filmé et le cadre. Un ensemble de plans formant une action dramatique autonome s'appelle une séquence* ; la multiplication des séquences forme le film. Dans sa forme défi-

1. Avant l'ère des logiciels de montage virtuel, le monteur coupait physiquement la pellicule puis collait les plans choisis.

nitive, un film est donc un assemblage de séquences, composées elles-mêmes d'une suite de plans liés entre eux par des raccords* ou points de montage. Ces points de montage touchent autant à la liaison qu'à la ponctuation et permettent de changer de plan et de séquence. Ils peuvent prendre la forme de simple cut* – c'est-à-dire de coupe franche où un plan succède simplement à un autre plan – ou de fondu lorsqu'un nouveau plan apparaît progressivement et se substitue à un autre qui disparaît.

Les plans ainsi montés élaborent l'intrigue où s'expriment le jeu et le dialogue des acteurs. Ces dialogues sont le plus souvent visibles à l'écran, c'est-à-dire dans le champ* de la caméra, mais ils sont parfois hors champ*, c'est-à-dire non visibles par le spectateur : lorsqu'un acteur joue de dos, lorsque la narration se fait en voix off* ou encore quand les ambiances* diffusent des voix via un haut-parleur, une radio, la télévision, un téléphone, etc.

Les termes techniques du montage

Séquence de « la vieille au matelas » tirée du film Jour obscur, *entièrement postsynchronisé.*

Plan 1

Plan 2 / Champ

Plan 3 / Contre-champ

Plan 4...

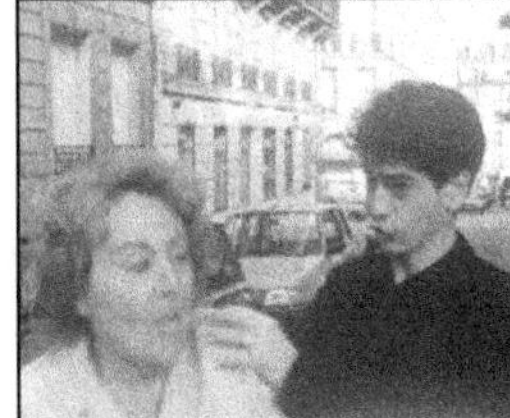

Raccord

Cut

Fondu au noir

La codification ou lipsync

La détection consiste à repérer image par image le mouvement des lèvres de chaque personnage, les dialogues off*, les ambiances et les changements de plan afin de les codifier suivant un répertoire de signes convenus (voir les tableaux pages 22, 25, 28 et 29). Cette codification s'appelle le lipsync* (contraction de *lips synchronization,* qui signifie synchronisme des lèvres, ou synchronisme labial).

On se perd en conjectures sur l'origine de cette codification. Revenons donc à l'invention du gramophone et aux investigations de László Moholy-Nagy. Dans diverses publications des années 1920 et 1930, ce plasticien hongrois exprimait son intérêt pour le gramophone et les sillons de la gravure de disque. Il y voyait la possibilité d'une lisibilité des phénomènes acoustiques. Le musicien Paul Hindemith, lui, exprimait son scepticisme devant les tentatives de musique de synthèse, mais reconnaissait néanmoins : « Nous en sommes arrivés à pouvoir décrire des relations très simples, comme certaines voyelles précises en conjonction avec des hauteurs de son précises. Mais nous sommes très loin de produire des œuvres musicales, même simples. »[2].

En offrant une visualisation graphique du signal sonore au moyen d'un microphone et d'une cellule au sélénium, l'arrivée du son optique dans le cinéma permit d'envisager la musique de synthèse.

Dès 1930, un illustrateur allemand, Emil Rudolf Pfenninger, écrivit les premières musiques synthétiques grâce à des photographies de courbes de son dessinées au préalable sur papier puis couchées sur support optique. Parallèlement, Hindemith collabora à la réalisation d'une des premières formes de synthétiseur, le Trautonium, pour lequel il composa son *Langsames Stück und Rondo für Trautonium.*

L'affectation d'un code graphique à une note, c'est-à-dire d'une image à un son particulier, de même que la génération d'une

2. *Sons et Lumières, Une histoire du son dans l'art du XXe siècle,* Éditions du Centre Pompidou, 2004.

d'onde en réponse à un signal électrique témoignent de cette volonté d'abstraire un phénomène sonore de sa manifestation, de dissocier le son de sa forme.

Cette « forme du son » mouvant pouvait encore se voir au début des années 1980, dans certains studios parisiens de doublage. Une machine, comparable à un oscillographe, repérait le silence qui précède la prononciation des labiales et les traduisait sous forme d'oscillogrammes plats. Il en résultait une courbe qui reproduisait de façon approximative les dialogues du film et permettait ainsi d'écrire une adaptation synchrone.

S'il n'a pas été possible, à ce jour, de trouver trace de l'inventeur du lipsync, ce dernier reste héritier de toutes ces recherches artistiques et innovations techniques qui ont pris corps dans le bouillonnement intellectuel allemand des années 1920 et 1930.

Métamorphoses de la bande rythmo

Grâce à cette codification, le détecteur reproduit sur la bande rythmo, qui va courir de façon synchrone avec l'image du film, les sons et les dialogues de la version originale ainsi que les mimiques des personnages, le mouvement de leurs lèvres, etc. Il prépare de cette façon le travail de l'adaptateur. En effet, c'est sur cette même bande rythmo que l'adaptateur écrit ses dialogues. À ce stade, la bande rythmo prend le nom de bande mère. Cette dernière est ensuite dédoublée par le calligraphe, qui recopie l'adaptation sur une bande de celluloïd transparente, par souci de lisibilité et dans le respect de la ponctuation rythmique des dialogues. C'est cette bande, enfin, que les comédiens du doublage lisent lors de l'enregistrement des dialogues. Pour ce faire, la bande calligraphiée est soit entraînée par un défileur synchrone doté d'un système optique de projection, soit elle est intégrée dans l'image en ayant préalablement été filmée par une caméra, soit elle est générée par un système graphique d'ordinateur et défile horizontalement sous le film de droite à gauche dans une cadence déterminée (ou rapport 1/8 [3]).

3. La bande rythmo défile huit fois moins vite que la bande image afin que le défilement de la calligraphie soit synchrone avec l'image du film correspondant. Voir aussi le lexique, en fin d'ouvrage.

Bande rythmo en cours de codification.

Les signes de l'image

Dans la codification de la détection, les changements de plan et de séquence[4] se notent en dessinant une barre verticale qui coupe la bande rythmo de haut en bas (voir le tableau ci-après page 22). Cette barre, lorsqu'elle correspond à un changement de séquence, a pour fonction de délimiter les boucles. Ce sont ces boucles, numérotées dans l'ordre chronologique du film, qui vont permettre la convocation planifiée des comédiens par le directeur de plateau (voir les fiches métiers Le détecteur page 34 et Le directeur artistique page 58). Il est à noter qu'une séquence de film se compose souvent de plusieurs boucles ou séquences d'enregistrement.

À chaque boucle est associé un numéro à huit chiffres qui correspond à un code temporel, ou time code* (TC), de la durée totale du film. Ce time code, qui s'écrit en heures, minutes, secondes et images, est garant du synchronisme de l'image et du son. En d'autres termes, à chaque image du film correspond un numéro de time code. C'est ce numéro que le détecteur doit inscrire en

4. Le détecteur peut s'appuyer sur un changement de plan pour diviser les séquences trop longues en plusieurs boucles*, ou segments.

regard du numéro de boucle. Il y a donc deux numéros : celui qui suit la chronologie des séquences et celui du time code qui correspond à la première image de chaque séquence. Le détecteur commence son travail, en fixant un repère de synchronisme [5] (en général 3 secondes avant la première image du film voir Le PAD, page 26). Il adjoint à ce signe le numéro de time code qui y

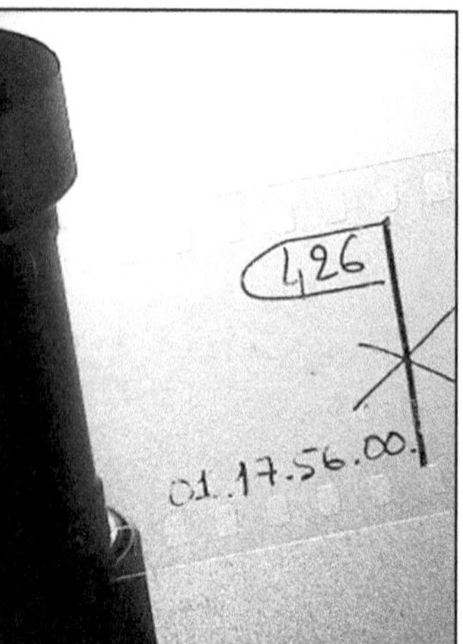

Exemple de départ de boucle.

Les signes de l'image

Bande rythmo	Film
START TC 01 00 00 00	Début réel de la bande
P ╳ I TC 01 00 03 00	Première image
01 TC 01 02 34 00	Départ de boucle
OUT	Fin du dialogue
	Ouverture en fondu
	Fermeture en fondu
	Fondu enchaîné

5. Ce repère est une barre verticale que coupe une croix, au-dessus de laquelle le détecteur écrit le mot « START » (voir le tableau des signes de l'image ci-contre).

correspond, ce repère permettant de caler le synchronisme du film et de la bande rythmo.

La première image s'écrit « PI » et, puisqu'elle correspond inévitablement au premier plan de la première séquence, il s'y adjoint la barre verticale (voir le tableau des signes de l'image ci-dessous).

Indiquer un fondu

Les signes correspondant à une ouverture ou fermeture en fondu, ou à un fondu enchaîné, doivent courir sur la bande rythmo pendant tout le temps que dure le fondu, comme sur l'exemple ci-dessous.

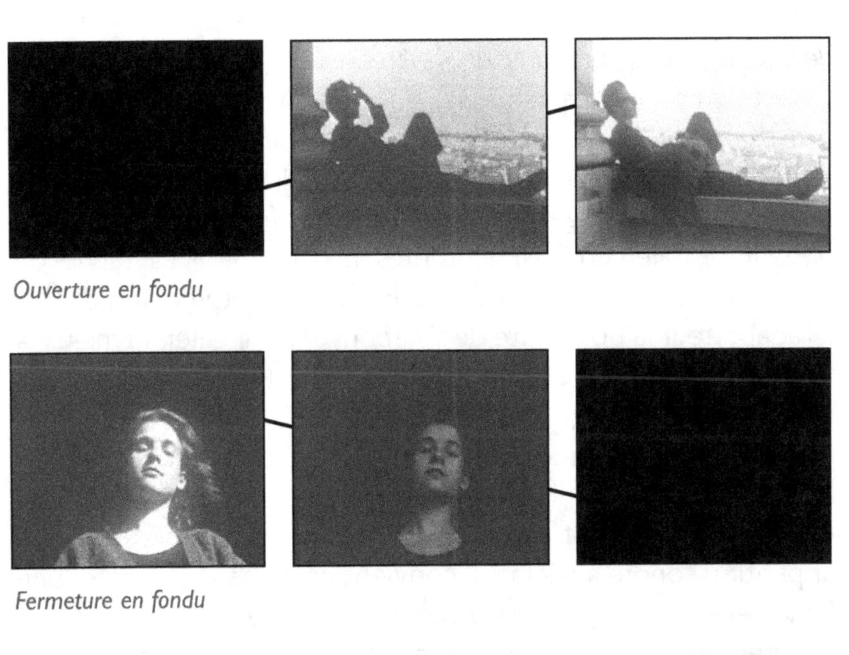

Ouverture en fondu

Fermeture en fondu

Fondu enchaîné

Les signes mimiques et les ponctuations visuelles et sonores

Il est un autre aspect, qui appartient aux seuls personnages, et qui se doit d'être détecté : leur jeu riche de sens où s'expriment leurs sentiments.

Ce jeu, que le professeur et adaptateur Paul Memmi appelle « synchronisme corporel », se traduit par de simples respirations ou expirations, des bouches semi-ouvertes, des hésitations, des rires, des pleurs, des « mâchouillis »... Autant de mouvements de corps, de bouche, d'onomatopées, de gestes qui conditionnent le signifié et concourent à ce que Pier Paolo Pasolini appelle, dans Le « *Cinéma de Poésie* » [6], l'élaboration d'un « système de signes mimiques ».

Ce sont en partie ces mimiques qui s'offrent comme fondement « *instrumental* de la communication cinématographique. [...] La physionomie des gens [...], leurs signes [...], leurs silences, leurs expressions [...] chargés de significations et [qui] par conséquent *parlent* brutalement par leur présence même. » La tâche du détecteur consiste à les inscrire sur la bande rythmo afin d'offrir à l'adaptateur la possibilité de s'y appuyer pour caler au mieux la traduction et le sens original de l'œuvre (voir le tableau des signes mimiques page 25).

Par ailleurs, afin que ce dernier puisse se repérer facilement sur la bande détectée, il est nécessaire que le nom de chaque personnage soit écrit régulièrement et que soit numérotée son apparition sonore à l'écran. Il convient également d'affecter une ligne par personnage, c'est-à-dire une place qu'il conservera sur la durée de la boucle et, autant que faire se peut, sur la durée du film ou du programme s'il s'agit d'un personnage principal.

6. Pier Paolo Pasolini, *Le « Cinéma de Poésie »*, *Empirisme hérétique*, Éditions Garzanti, traduction de l'auteur, 1977.

Les signes du son

« L'articulation présente toujours une certaine *aperture*, c'est-à-dire un certain degré d'ouverture entre deux limites extrêmes

Signes mimiques, ponctuations visuelles et sonores

Signe	Mimique ou son
① *Jean*　　③ *Pierre*　　② *Laure*	Noms des personnages. Ils s'écrivent en biais et doivent être soulignés.
Jean ho———　*Laure* ho———　*Pierre* ho———	Exclamations conjointes.
⊗	Baiser.
⊗ (ovale)	Long baiser.
(snif)	Pleurs.
(rires)	Rires. À écrire lorsqu'ils sont indistincts.
mt　*mts*　*pf*　*pff*	Onomatopées (bruits de bouche, etc.).
mh	Respiration bouche fermée.
↓ ‿ × ‿	Point d'appui. Ce signe a été introduit par le détecteur et adaptateur Silvio Torrubia. C'est une petite flèche qui se place au-dessus de la codification d'un mot ou d'une syllabe en traduction d'une saillie gestuelle ou prosodique.

Dans cette illustration, le point d'appui viendrait en traduction du geste du jeune homme qui, en même temps qu'il intime à la jeune fille l'ordre de boire, lui met violemment le verre sous le nez.

qui sont : l'occlusion complète et l'ouverture maximale. [...] Si l'on pouvait reproduire au moyen d'un cinématographe tous les mouvements de la bouche et du larynx exécutant une chaîne de sons, il serait impossible de découvrir des subdivisions dans cette suite de mouvements articulatoires ; on ne sait où un son commence, où l'autre finit. » [7] Ainsi s'exprimait Ferdinand de Saussure dans son *Cours de linguistique générale* alors que le cinéma avait à peine dix ans d'existence. Qu'il en ait aujourd'hui cent de plus ne change en rien la tâche du détecteur puisque « le mécanisme d'articulation reste toujours semblable à lui-même ».

Une phrase détectée répond donc à une tirade ininterrompue du locuteur, sans référence aucune au sens du discours, que la phrase soit simple ou complexe. Cette phrase ne commence pas nécessairement à l'ouverture de la bouche et ne se finit pas toujours à sa fermeture (notamment dans le cas d'un hors champ et d'une voix off).

Le détecteur n'a pas à entrer dans le détail de la classification des sons. Il lui suffit de s'attacher à retranscrire les labiales, c'est-à-dire les consonnes qui s'articulent essentiellement sur les lèvres (p, b, m), les semi-labiales (v, f, w, r, s, t), ainsi que deux types de phonèmes correspondant l'un à l'avancée buccale (sons en « o », « on », « ou ») et l'autre au mouvement arrière de la bouche (sons en « a », « in »). La détection labiale s'attachera donc à la manifestation physiologique, et non acoustique, du son (voir le tableau des signes du son pages 28 et 29).

Le PAD

Lorsqu'un film entre dans les mains du détecteur, il hérite d'une longue histoire technique qui l'a amené à être diffusé en langue originale. Cette diffusion a nécessité l'élaboration d'un PAD (prêt à diffuser) qui vient avant le film, en début de bobine, et reste invisible pour le spectateur. Sur ce PAD figurent une mire de barre* sous laquelle court sur la piste son une fréquence mille

7. Ferdinand de Saussure, *Cours de linguistique générale*, Payot, 1995.

hertz* permettant l'étalonnage des couleurs et du son, un carton d'identification du film ainsi qu'un décompte de dix secondes. C'est généralement trois secondes avant la première image du film, sur l'image du « mille » (c'est-à-dire sur l'image à laquelle correspond le son de mille hertz de fréquence, d'une durée d'une image), que le détecteur commence son travail en calant un « START ». Ce repère de synchronisme est valable pour toute la durée de la bobine. Il appartient au détecteur de recommencer ce travail au début de chaque nouvelle bobine.

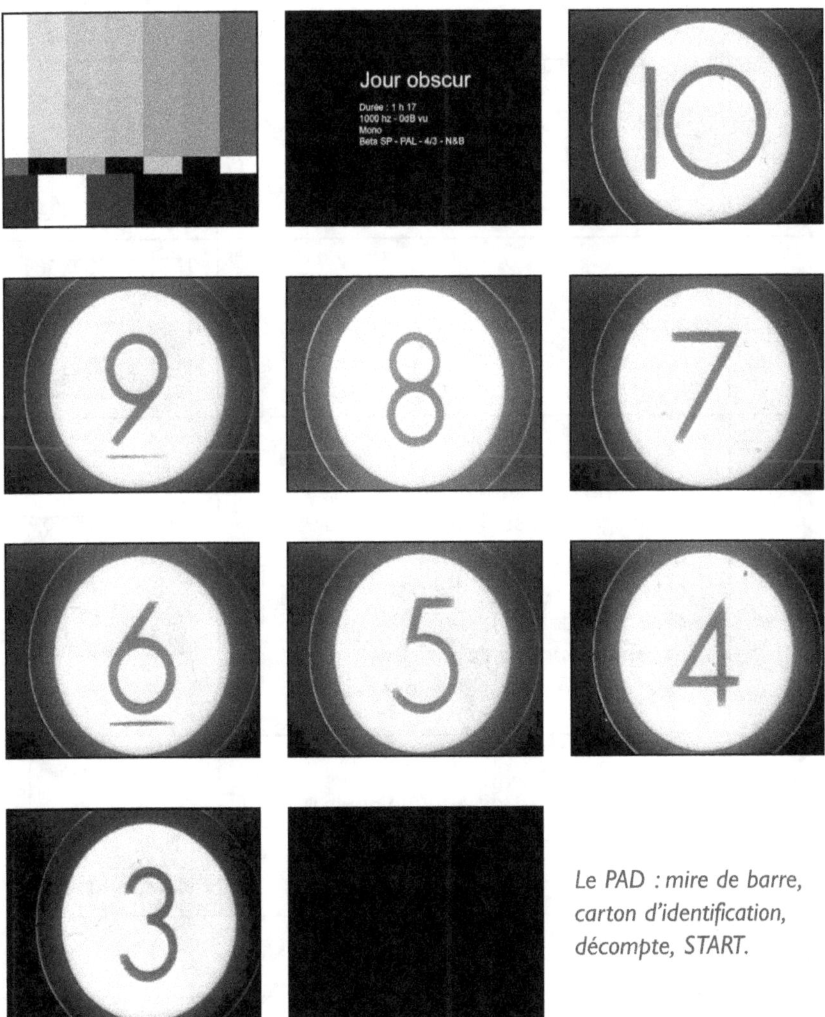

Le PAD : mire de barre, carton d'identification, décompte, START.

Signes du son

Signe	Son	Image
↓	Début et/ou fin d'un dialogue en bouche fermée (flèche différente de celle du point d'appui, qui se place au-dessus de la codification).	
↑	Début et/ou fin d'un dialogue en bouche ouverte.	
⊢—⊣	Labiales : p, b, m.	
✕	Demi-labiales : – v, f, w, r, s, t, th, k (*think* en anglais), (à l'image, elles se distinguent dans 95 % des cas); – n, t's (*it's* en anglais), l (se distinguent dans 50 % des cas); – n't (*don't, wasn't* en anglais), get, got, d (se distinguent dans 20 % des cas).	
⋀	Grande ouverture, dit « cul de poule », correspond au « wh » anglais (*what*).	

⌣	Phonème où la bouche forme un arrondi ou une avancée : sons en « o », « on », « ou ».	
⌢	Phonème où la bouche part en arrière : sons en « a » et « in ».	
- - - - - - - - - -	Son semi off, personnage de dos.	
————————	Son off, personnage hors champ.	
h⟷	Respiration.	
h↗	Inspiration.	
h↘	Expiration.	

Note : il n'y a pas de signe de début ou de fin de phrase avant ou après une respiration.

Les outils

Les outils liés à l'élaboration de la bande rythmo sont restés relativement stables jusqu'aux années 1980. Avant, doubleurs et détecteurs indépendants travaillaient avec des défileurs 35 mm (table mécanique à défilement synchrone) ou bancs de lecture de type Moritone ainsi qu'avec des tables de montage film ; ces instruments étaient peu ergonomiques, bruyants et coûteux.

L'arrivée de la vidéo dans les années 1980 bouleversa l'environnement technologique de la profession. Il fallut synchroniser les défileurs et les tables de montage avec les magnétoscopes tout en synchronisant également les magnétoscopes avec la bande rythmo. On fit appel pour cela à des boîtiers de synchronisation complexes en reliant le tout par de nombreux câblages. La machinerie devint monumentale, coûteuse et d'autant plus fragile que le parc de machines disponibles était en nombre réduit et tournait sans discontinuer.

Heureusement, à la fin des années 1980 eut lieu une révolution non seulement technologique mais aussi sociale qui fit passer « les machines des mains des employeurs aux mains des employés ». Un des acteurs de cette révolution, l'ingénieur Guy Desdames, mit au point un défileur d'un autre type, une machine d'écriture compacte à commande électronique synchrone baptisée Orphée qui, par sa fiabilité, son prix et son ergonomie fit entrer le doublage dans la modernité et s'imposa rapidement auprès des détecteurs, des adaptateurs et de certains doubleurs, pour demeurer jusqu'à ce jour la première du marché.

À l'horizon du second millénaire, la bande rythmo entra dans l'ère du virtuel sans que cela apporte pour autant un changement fondamental dans l'usage et les pratiques de la profession. Comme le diagnostique Guy Desdames, « la technique de la bande rythmo traditionnelle ne semble pas être immédiatement remplaçable par le tout numérique dont les qualités demandent encore à être améliorées avant d'en imaginer la généralisation. En effet, les machines tout numérique ne communiquant pour l'instant pas entre elles, ni avec le matériel existant, les étapes successives nécessaires à l'élaboration de la rythmo ne sont pas assurées. Les différents corps de métiers qui se succèdent travaillent rarement ensemble dans l'enceinte des studios d'enregistrement, et il est exceptionnel que ces derniers soient dotés d'une chaîne de fabrication homogène. Pour l'instant, la rythmo virtuelle ne s'applique qu'à des structures spécialisées où personnel et matériel sont centralisés. » [8]

L'informatisation complète de la chaîne du doublage et la dématérialisation des supports n'est cependant qu'une question de temps. L'ordinateur se substitue déjà au magnétoscope. Demain, la simplification de la détection, le contrôle du synchronisme

8. Guy Desdames, Gift Gibran, *Informatique pour bandes rythmo analogiques et numériques, Rapport et perspective sur l'évolution technologique de la bande rythmo,* CNC, 2006.

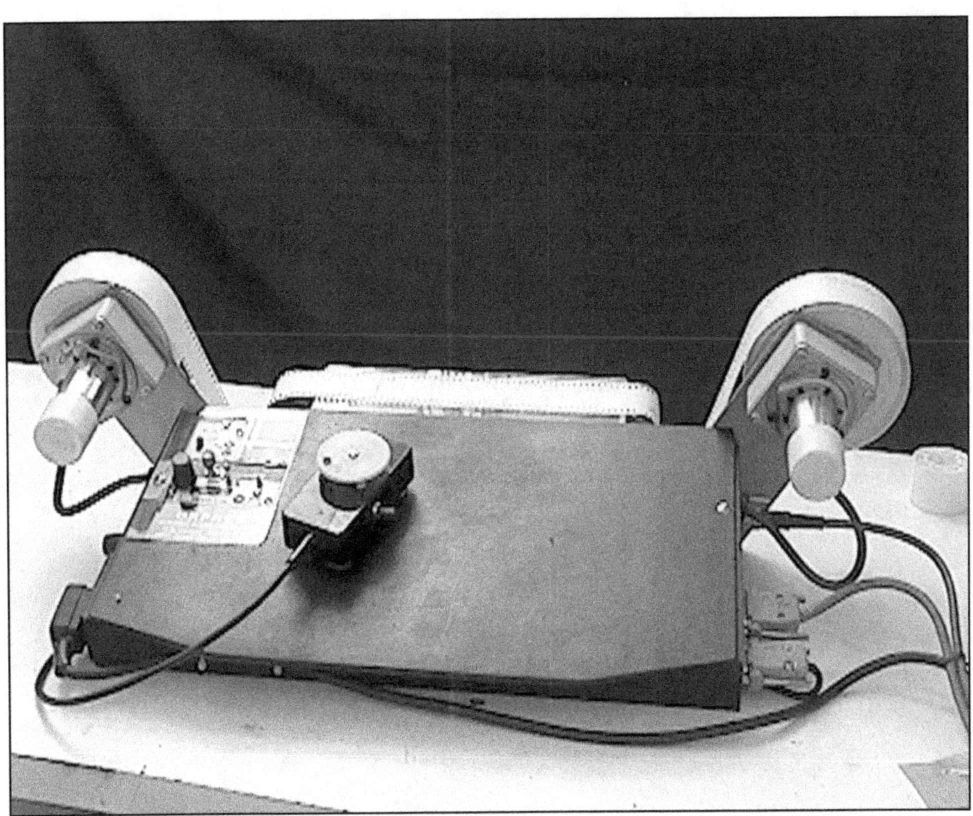

Machine Orphée d'Acropole Movies International. Grâce à un câble, l'ordinateur ou le magnétoscope est asservi à la machine.

labial par l'intermédiaire d'une webcam reliée à l'ordinateur, la mutualisation sur Internet d'une banque de données linguistiques (expressions singulières, dictionnaires en ligne), la semi-automatisation de la calligraphie et de la dactylographie seront une réalité permettant un gain de temps d'environ 30 % dans l'élaboration de la bande rythmo. Mais les apports de ces outils virtuels resteront néanmoins sans effet sur les efforts intellectuels et le temps de réflexion incompressible qu'exige le travail d'adaptation.

Les fiches métiers

Le détecteur

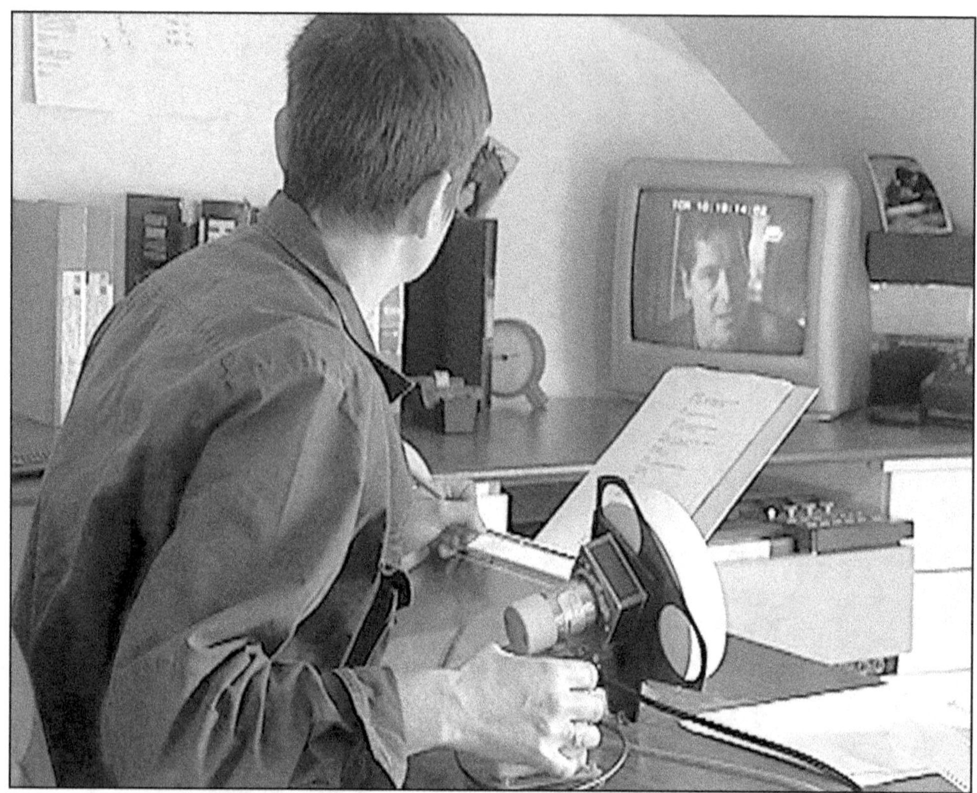

Détectrice au travail.

Le travail de détection consiste à retranscrire le rythme du film, à le codifier en mettant en signes l'image et le son. En regard de cette codification qui traduit la ponctuation de l'image (voir chapitre précédent) ainsi que toutes les ouvertures, fermetures, avancées et appuis significatifs liés aux mouvements de bouche des acteurs, le détecteur réécrit ensuite les dialogues originaux du film, dans le respect du synchronisme. Il lui appartient également de déterminer et numéroter les boucles, c'est-à-dire les séquences d'enregistrement correspondant à une durée moyenne de quarante-cinq secondes (voir chapitre 2 page 21).

Le tableau de bord ou « croisillé »

À proprement parler, le travail premier du détecteur est d'élaborer un tableau de bord à destination du directeur artistique ou du chef de plateau (voir la fiche concernant ces métiers, page 58). Ce tableau, appelé croisillé, répertorie le numéro des boucles, le nom des personnages, le nombre de lignes de dialogues qui leur sont associées ainsi que leur emplacement précis sur la bande.

Le chef de plateau, qui dirige les comédiens de doublage lors de l'enregistrement, dispose ainsi d'un document indispensable qui va lui permettre d'établir son plan de travail pour fixer l'ordre des scènes à enregistrer et planifier la convocation des comédiens. En effet, la rémunération des comédiens représentant 50 à 65 % du budget total du doublage, il convient de rationaliser au mieux leur présence sur le plateau d'enregistrement en regroupant les boucles correspondant à leur rôle. C'est la raison pour laquelle l'ordre d'enregistrement des boucles est rarement celui de l'ordre chronologique de l'histoire. Par ailleurs, les directeurs artistiques cherchent, autant par souci d'économie que par intérêt artistique, à regrouper dans une même séance d'enregistrement les comédiens jouant ensemble dans une même séquence. Il n'est cependant pas rare que, suivant les contraintes et les obligations des différents emplois du temps, certains comédiens se retrouvent à jouer seul leur rôle dans une séquence regroupant plusieurs comédiens.

Évolution du métier

Dans l'état actuel de la technologie et du marché, le travail de détection reste de première importance dans la chaîne du doublage. Il précède celui de l'adaptateur dialoguiste et en est le préalable indispensable. Plus le travail du détecteur sera rigoureux et précis dans l'identification des personnages et la

AUTEUR - ADAPTATEUR : LARIOU Cathie
TITRE DU FILM : HEADSPACE   Bobine 1

	ALEX	PÈRE	MÈRE	Petit Alex	Petit Harry	SAMMY	HARRY	LLOYD	JASON	Doc GOLD	Doc BELL	STACY	Doc MURPHY
START 01 00 00 00													
PF 01 00 17 15													
(101: 01 01 02 00	X												
102: 01 01 23 00		X	X	X			#OUT						
103: 01 04 03 05		X	X	X									
104: 01 05 01 23		X	X	X			#OUT			Générique			
105: 01 09 13 00	X	X					X						
106: 01 10 24 00	X	X					X			#OUT			
107: 01 12 30 00	X												
108: 01 12 53 00				X	X								
109: 01 13 28 00	X									X			
110: 01 15 12 00	X									X			#OUT
111: 01 16 39 09	X									X	X		
112: 01 17 34 00	X									X	X		
113: 01 19 11 11	X												
114: 01 19 40 00	X												
115: 01 21 05 10	X												
116: 01 21 25 00	X												X
117: 01 22 29 19	X												X
118: 01 23 31 00	X												X

N° de boucle — Time code — Intervention du comédien — Réaction sans dialogue — Fin du dialogue — Fin du générique — Noms des personnages de la série

*Exemple de croisillé. Chaque détecteur introduit plus ou moins des signes qui lui sont propres.
Ici, le signe ⋈ traduit les mouvements de bouches sans dialogue (respiration, hésitation, etc.)
qui nécessitent néanmoins la présence du comédien à l'enregistrement. Un autre détecteur aurait
pu écrire les signes de détection qui s'y rattachent, les « h———, h——— ».*

codification des mouvements de leurs lèvres, plus le travail du traducteur sera facilité et meilleur sera le jeu des comédiens qui pourront faire corps avec l'œuvre originale.

Pourtant, la rigueur, la méticulosité et l'abstraction que représente la codification répondent principalement à des raisons économiques. En effet, 61 % des adaptateurs dialoguistes travaillent à plat, c'est-à-dire de façon artisanale, à leur table, sans machine particulière, avec une bande rythmo détectée, une copie des dialogues originaux, un crayon et une gomme, et parfois même sans copie VHS de la version originale. Le détecteur doit donc leur fournir une retranscription aveugle et muette du film impeccable pour qu'ils soient en mesure d'accomplir leur tâche.

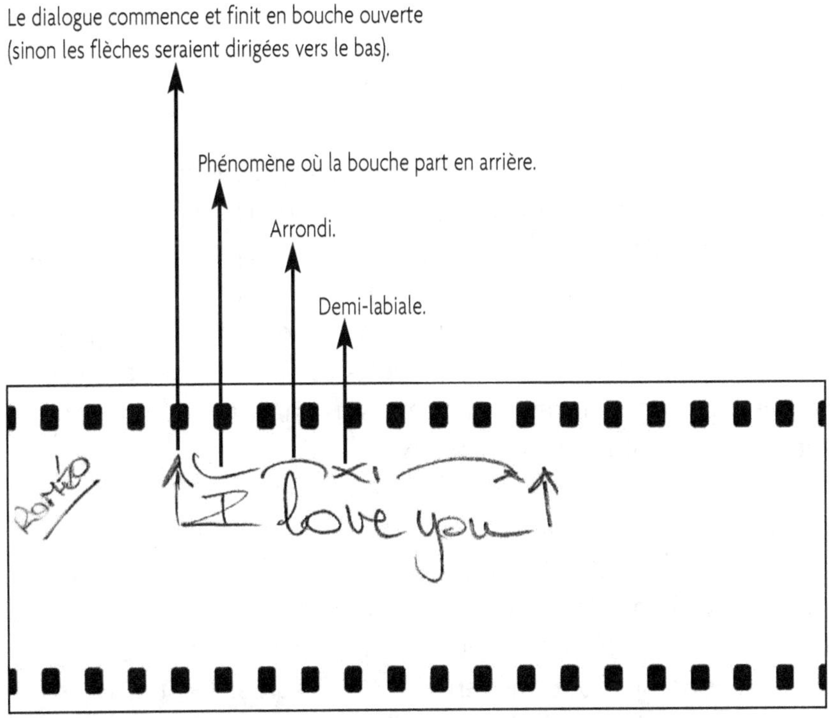

Le dialogue commence et finit en bouche ouverte
(sinon les flèches seraient dirigées vers le bas).

Phénomène où la bouche part en arrière.

Arrondi.

Demi-labiale.

Cette détection, ainsi que toutes celles qui figurent dans cet ouvrage, a été effectuée « à la volée », c'est-à-dire à l'image et sans machine, par le détecteur Christophe Lang.

Sans faire de projection hasardeuse, il y a fort à parier que si la majorité des adaptateurs avait les moyens de s'équiper de machines appropriées (à savoir de rythmo virtuelles ou électro-mécaniques), la détection serait bien plus sommaire. Il est également fort probable que, dans un avenir proche, l'évolution de la technologie numérique la rende obsolète.

Les nouvelles techniques d'animation et le marché sans cesse croissant des dessins animés japonais transforment, de façon ponctuelle, le travail de détecteur en celui d'adaptateur lipsync. En effet, par souci de coller au mieux au pays de diffusion, ces dessins animés sont livrés sans le mouvement des bouches. Il appartient alors au détecteur muni d'une palette graphique de dessiner les ouvertures et fermetures de bouche conformes à la prosodie (ton, rythme, pauses, durées des phonèmes, etc.) de la langue de diffusion.

Profil, formation et statut

Être détecteur ne demande aucune qualification particulière ; il suffit de posséder une bonne acuité visuelle et auditive, une habileté de la main droite et de la main gauche. Ce travail solitaire et mécanique demande néanmoins une faculté de concentration prolongée. Il va sans dire qu'être cinéphile ne gâche rien. Au bout de quelques années, un détecteur peut évoluer professionnellement et devenir monteur son, ingénieur du son, bruiteur, voire adaptateur dialoguiste.

Formation

Si nombre de détecteurs ont appris sur le « tas », certaines formations au métier de détecteur sont mises en place en fonction des besoins des doubleurs. Ce type de formation, qui dure 6 mois pour un coût moyen de 7 500 euros, peut être, sous certaines conditions, pris en charge par l'État (voir annexes). Issue d'une demande réelle, cette formation a le grand avantage de placer les stagiaires chez les doubleurs en fin de stage.

Comment débuter ?

Si vous ne passez pas par une formation au métier de détecteur, le « terrain » reste la meilleure des écoles. Vous pouvez ainsi, par volonté et force de conviction, postuler pour un stage auprès d'un doubleur (voir annexes) qui vous apprendra la détection. Parfois, certains détecteurs font du tutorat en sous-traitant certains de leurs travaux, mais il vous faut pour cela disposer d'un défileur rythmo. Pour entrer en contact avec un détecteur, le meilleur moyen reste les entreprises de doublage et, au sein de ces entreprises, le chef de projet ou le coordinateur. En effet, ce professionnel centralise, voire supervise, tous les travaux touchant à la bande rythmo : il est le cœur du réseau. N'hésitez pas à aller le voir pour lui demander les coordonnées de détecteurs qui seraient susceptibles de vous montrer le métier et de vous mettre le pied à l'étrier.

Statut et rémunération

La détection est assimilée à la qualification d'assistant monteur ou de chef monteur (code Rome de l'ANPE n° 21 227). Le détecteur

Tarifs syndicaux

Il n'y a pas de tarif syndical, ou alors il n'est jamais respecté. Voici cependant, à titre indicatif, l'échelle des tarifs approximatifs en vigueur dans les sociétés de doublage : de 60 euros (le pire) à 70 euros la bobine (tarif correct), jusqu'à 80 euros la bobine (le meilleur) pour des films de fiction en 35 mm.

Par ailleurs, la détection de films postsynchronisés est payée au mètre et, héritant des budgets de production et non de postproduction, à un tarif nettement plus rémunérateur que celui des films doublés (de quatre à cinq fois plus).

bénéficie du statut d'intermittent mais il peut être également salarié d'une entreprise ou travailleur indépendant (voir annexes). Le détecteur est payé à la bobine. Une bobine de 300 mètres en 35 mm représente 10 minutes de film. Pour être « employable », un détecteur doit être en mesure de produire 10 minutes utiles par jour, soit une bobine. Pour être en mesure de vivre de son métier en tant qu'intermittent, il lui faut passer à environ 2 minutes et 30 secondes de film détecté à l'heure, ce qui correspond à 15 minutes pour une journée de travail de 6 heures pleines. Sur cette base, il lui faudra donc une bonne semaine pour détecter un film d'une durée de 90 minutes. Le détecteur ne parvient généralement à cette maîtrise technique qu'au bout d'une bonne année de pratique. Les rudiments techniques de la détection s'apprennent facilement, mais c'est la vitesse d'exécution qui est la plus difficile à acquérir. Elle vient avec le temps, à force de pratique.

Les conseils du pro

Il n'est pas du pouvoir du détecteur de choisir les films sur lesquels il travaille. Il peut arriver que la version originale du film qui lui a été confié ait été postsynchronisée et que le synchronisme n'ait pas été respecté. Il lui faut donc toujours détecter à l'image et jamais au son. Le recours au son ne doit venir que pour ce qui concerne des parties dialoguées en hors champ ou en semi off, c'est-à-dire pour caler les dialogues qui n'apparaissent pas à l'image.

Travaillant généralement en flux tendu, c'est-à-dire dans des délais très courts, il lui appartient donc de travailler vite et bien. Précision, concentration, rigueur et propreté sont les quatre qualités maîtresses qui font qu'un détecteur est appelé et recherché.

N'oubliez pas d'inscrire votre nom et vos coordonnées téléphoniques sur la bande rythmo afin que le studio ou l'adaptateur puissent vous joindre en cas de problème.

L'adaptateur dialoguiste

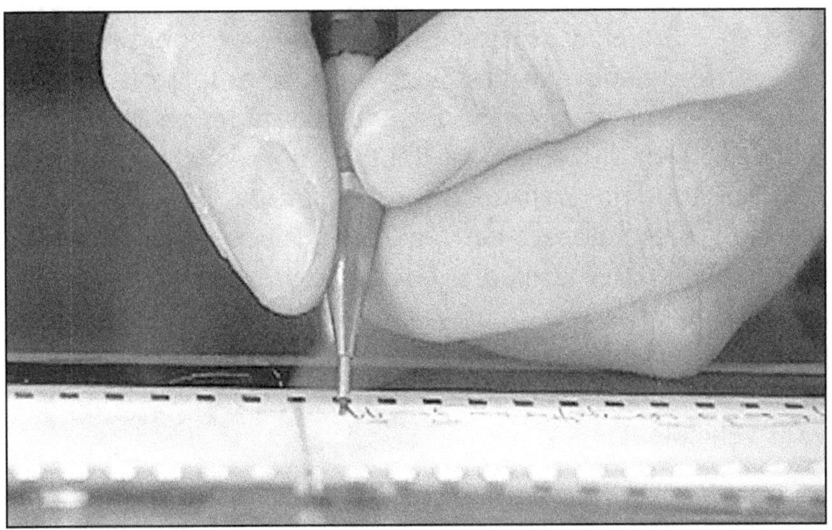

L'adaptateur écrit les dialogues sur la bande rythmo.

Ce métier se trouve au centre de la chaîne du doublage et, disons-le, est exposé de façon sensible aux tensions économiques, au stress ainsi qu'aux multiples griefs pouvant résulter d'exigences souvent contradictoires. En effet, l'adaptateur doit non seulement satisfaire le directeur artistique, le chef de plateau et le superviseur (voir la fiche métier Le directeur artistique, page 58), mais également le client, les comédiens, le diffuseur et le public, tout en respectant l'œuvre originale, le synchronisme labial et sa propre liberté d'auteur. Pour résoudre cette quadrature du cercle, l'auteur n'a qu'une solution : s'adapter, c'est-à-dire apprendre l'art du compromis.

L'adaptateur dialoguiste, dans le cadre précis du doublage, sait déchiffrer les signes de la détection. Rappelons également qu'il garde la possibilité de se référer aux dialogues originaux écrits en regard de la codification.

Toute la difficulté de l'adaptation consiste donc à vivifier le squelette du code et rendre l'expressivité et les couleurs de la parole dans un mouvement labial fixé — et disons le, parfois en pure perte quand les repères sociaux et politiques d'un programme audiovisuel venant d'un pays se superposent à ceux d'un autre pays pour aboutir à un charabia moral, psychologique et culturel absurde. Il suffit, pour s'en convaincre, de regarder les telenovelas brésiliennes doublées (parfois par l'intermédiaire d'un voice over unique traduisant les personnages à tour de rôle) et diffusées dans d'autres continents. Avant que la mondialisation et l'uniformisation des cultures ne soient achevées, le grotesque reste parfois un des jalons de l'incongruité du doublage... Cet exemple, qui fait certes une critique par l'horreur, appelle une remarque en miroir : tous les films et toutes les séries ne méritent peut-être pas d'être doublés, que ce soit par manque de qualité intrinsèque ou par l'idéologie qu'ils véhiculent.

« Kind of a drag, huh ? Stuck in a place like Genoa

City... God, I fell so restless. »

Tout premier dialogue de la série The Young and the Restless *(Les Feux de l'amour),* soap de plus de 30 ans, vendu à la planète entière et toujours en cours de production et de réalisation.*

Contraintes et autocensure

Dans une adaptation française d'un film anglais, le problème récurrent du traducteur va être de combler le déficit de syllabes de la langue anglaise par rapport à la langue française. Il faut en effet plus de syllabes pour s'exprimer en français qu'il n'en faut en anglais. Dans l'adaptation d'un film italien en français, les mots italiens étant généralement plus longs d'une à deux syllabes que les mots français, la contrainte est inverse. L'adaptation française d'un film polonais, elle, se heurte à la multiplication des labiales de la langue originale. Par contre, si les labiales japonaises trouvent facilement leur place en français, les fins de phrase fréquemment ouvertes de la langue nippone donnent du fil à retordre à l'adaptateur.

Ces exemples montrent bien que l'adaptation ne peut être un calque de la bande originale, une traduction littérale du texte, mais réellement une réécriture, une variation tout autant qu'une interprétation. C'est même la raison pour laquelle les adaptateurs sont considérés comme des auteurs et touchent les droits afférents à ce statut.

Doublage et détournement

Forts de la liberté attachée au statut d'auteur, certains d'entre eux ne se sont pas privés de transgresser les dialogues originaux pour détourner un film dans un but humoristique ou révolutionnaire. L'exemple le plus significatif en la matière reste le manifeste anarcho-situationniste de René Viénet auquel Patrick Dewaere prête sa voix, *La Dialectique peut-elle casser des briques ?*, film de kung-fu détourné en fable (ou en farce) révolutionnaire sur la lutte des classes prolétariennes chinoises aux prises avec la nomenklatura maoïste

Dans la chaîne industrielle et économique du doublage, force est de constater que la liberté de l'auteur ne trouve à s'exprimer qu'à l'intérieur du lipsync et dans les limites d'un code social, moral et culturel, c'est-à-dire dans la contextualisation du film.

À cet état de fait s'ajoute l'autocensure du traducteur. Comme tout un chacun, ce dernier hérite en effet d'un patrimoine moral et culturel, fait de croyances et de préjugés, qu'il va manifester dans l'adaptation de l'œuvre qui lui est proposée. De même, il se soumet à un code d'acceptabilité linguistique et morale. De façon non formalisée, il va au-devant du public supposé et intègre les prérogatives et les intérêts de son client. Il appartient à l'auteur de faire sienne cette triple obligation de réécrire un texte dans le respect de la grammaire, tout en restant attentif au rythme de la codification, et sans s'éloigner du propos ni du sens original.

« Story of my life.
C'est comme ça depuis que je suis née.

I always get the fuzzy end of the lollipop. »
Chaque fois qu'il y a une tuile à recevoir, elle tombe sur moi.

Some like it hot (Certains l'aiment chaud). Remarquez l'importance des labiales qui jouent comme autant de jalons rythmiques sur lesquels s'appuie l'adaptation. Comparez avec le sous-titre correspondant page 51.

Une fois ce travail accompli, l'auteur reproduit le rythme syllabique de son adaptation sur la bande mère, en allongeant ou réduisant la taille des lettres du texte, afin de rendre visible le ton et le jeu que les comédiens devront retrouver sur le plateau.

De grandes plumes de la littérature française se sont prêtées avec bonheur à cet exercice contraignant comme Jean Anouilh pour *Ben Hur,* Raymond Queneau pour *Certains l'aiment chaud* ou encore André Maurois pour *Noblesse oblige.*

Singularité du doublage

La singularité première de l'adaptation réside sûrement dans le fait que le traducteur écrit pour la vue et pour l'ouïe, c'est-à-dire pour un locuteur et un auditeur et non pour un lecteur.

Comme la détection s'attache à reproduire scrupuleusement certains faits phonétiques, tel le débit rapide ou relâché, ou encore la pause du locuteur au milieu d'un dialogue, une phrase détectée qui passe à l'adaptation n'est pas à prendre dans le même sens qu'une phrase dans son acception grammaticale. Elle ne commence pas par une majuscule et ne se finit pas par un point comme dans le langage écrit, mais se manifeste dans un mouvement d'ouverture et de fermeture buccale. Cette singularité fait qu'il est parfois bien plus odieux au doublage de voir ce qu'on n'entend pas que d'entendre ce qu'on ne voit pas. Il est, en d'autres termes, plus gênant de voir à l'écran une bouche ouverte de laquelle ne sort aucun son que d'entendre un son sortir d'une bouche fermée.

Cependant, il semble que la recherche du synchronisme absolu des versions doublées soit une tendance culturelle française. Il suffit, en effet, de se tourner vers l'âge d'or du cinéma italien pour voir à quel point des maîtres tels que De Sica, Fellini, Pasolini, Visconti, etc., ont utilisé avec bonheur la postsynchronisation pour réécrire et adapter en toute liberté les dialogues de leurs films.

La contextualisation

Dans le cas du doublage, c'est l'image et le son qui dictent la traduction et asservissent son sens. L'adaptation est faite pour être jouée, non pour être lue, et toutes les tentations de faire de la littérature doivent tomber devant la considération de la fluidité du discours, de la prononciation et de la diction des comédiens. Cependant, le souci extrême d'une parfaite mise en bouche peut amener l'adaptateur à contredire le sens donné par un plan ou par les ambiances qui y sont associées. Un synchronisme trop rigide tue le naturel des dialogues, révèle l'artifice, et finalement les fait apparaître désuets ou anachroniques. Ici encore, la traduction doit être cohérente avec l'esprit du film et respecter la prosodie, le jeu et le caractère des personnages.

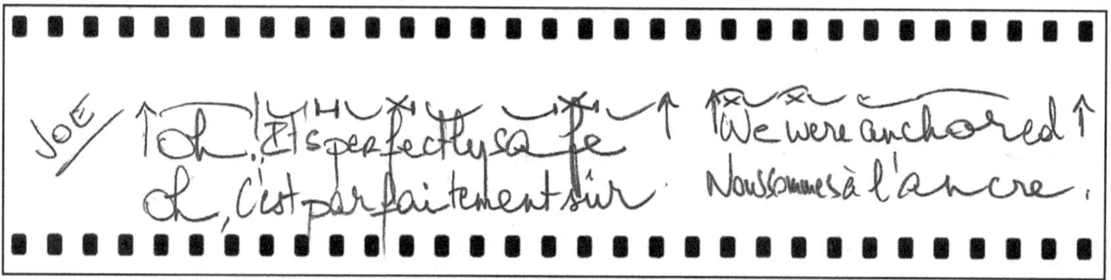

« Oh ! It's perfectly safe. We're anchored.
Oh ! C'est parfaitement sûr. Nous sommes à l'ancre.

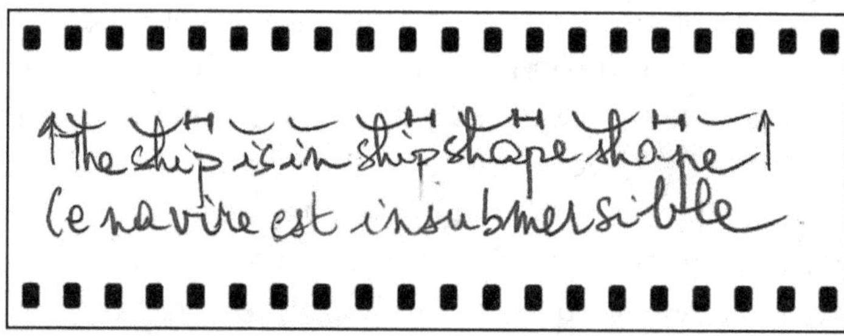

The ship is in shipshape shape. »
Ce navire est insubmersible.

Certains l'aiment chaud (Some like it hot). *Remarquez comme le jeu des assonances est définitivement perdu. L'adaptation est toujours un moyen terme, un compromis de sens et de rythme.*

La concordance lexicale, les itérations et le génie de la langue

Dans la recherche du flux naturel du discours, l'adaptateur doit veiller aux intentions de l'auteur original. Il lui est impératif de fuir une traduction littérale pour approcher au mieux le sentiment exprimé, de varier autant que faire se peut les itérations ou « tics » de langage, véritables points d'appui ou béquilles du discours qui foisonnent dans les soaps* et les sitcoms*.

Pourtant, dans certains dialogues, il est parfois fait un usage récurrent de mots jouant sur le rythme et constituant un sens. Au nom du naturel, de l'harmonie et de l'usage courant, le traducteur est poussé à varier la traduction du mot, mais cette variation peut être une véritable trahison voire un contresens.

« It's an insane world... But in it, there is one sanity :
Tout chancelle en ce monde... Mais pourtant une seule chose est solide :

the loyalty of old friends. »
la loyauté entre deux vieux amis.

Ben Hur. *La répétition de « insane » et « sanity » est judicieusement transposée dans l'adaptation où « chancelle » répond à « solide ».*

La concordance lexicale

Comme le dit Jean-Michel Déprats dans *Traduire Shakespeare* (Centre de traduction littéraire de Lausanne, 2001), « cette question de la *concordance lexicale* (l'emploi d'un seul vocable pour traduire toutes les occurrences d'un même mot) est une pierre de touche qui permet de différencier les traductions soucieuses de la *signifiance*, des traductions contextualisantes », et uniquement contextualisantes devrions-nous dire.

Les niveaux de langage

Si le doublage parfait reste un rêve, il existe heureusement de brillantes réussites. Tellement qu'elles restent dans l'ombre. C'est là un des paradoxes de ce métier : la réussite y est transparente. Le bon doublage sait se faire oublier ainsi qu'un bon montage, et l'attention portée aux différents niveaux de langage reste une des clefs de ces adaptations heureuses.

Les personnages présents à l'écran manifestent, comme dans la vie, l'expression d'un code social, professionnel, culturel. Le dialoguiste doit donc veiller à faire correspondre le vocabulaire au milieu social, en traduisant et en transposant au mieux les références culturelles. Un jeune de banlieue ne s'exprime pas

Séries : l'importance de la bible

Sur de longues séries télévisées, les doubleurs mettent à disposition des adaptateurs une bible* où sont répertoriées les traductions de certains lieux ou événements récurrents ainsi que le nom des personnages et les conventions de vouvoiement ou tutoiement qu'ils entretiennent les uns par rapport aux autres en fonction de leur degré d'intimité ou de leur représentation sociale.

comme un lycéen des beaux quartiers, un garçon comme une fille, un Cockney comme un Irlandais (ou un Titi parisien comme un Chtimi, si nous voulions nous rapprocher de références hexagonales), un paysan comme un médecin, et un père ne parle pas à son fils comme il parle à sa femme ou à son patron.

La restitution de ces divers niveaux de langage se rapproche parfois de la recherche ethnographique et sociologique ce qui oblige l'adaptateur à une recherche documentaire, hélas rarement comptabilisée dans le temps imparti à la traduction. Finalement, une bonne adaptation n'est-elle jamais autre chose qu'une simple « traduction d'intentions » ?

« Daphne, your boyfriend's waving at you !
Daphné, ton petit ami te fait signe !

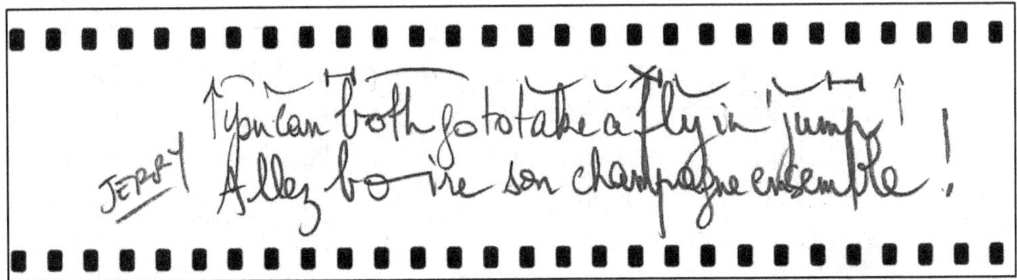

- You can both go take a flyin' jump ! »
Allez boire son champagne ensemble !

Some like it hot (Certains l'aiment chaud). *Exemple de « traduction d'intention ». Ici, le sens original de la dernière réplique est perdu, et l'adaptation tente d'en retrouver l'intention en prenant appui sur l'image (la mimique du comédien Jack Lemmon) et sur la contextualisation de la scène (un cabaret).*

Sous-titrage, voice over et audiodescription

L'adaptateur dialoguiste peut se voir confier le sous-titrage du film qu'il adapte, le voice over d'un documentaire, ou encore étendre ses compétences et son champ d'activités au procédé de l'audiodescription.

Le sous-titrage

Le sous-titrage consiste à projeter, en surimpression en bas de l'image d'un film, une traduction condensée des dialogues.

Nous n'entrerons pas ici dans le détail du sous-titrage pour sourds et malentendants (*close caption* et *open caption*) qui, non seulement traduit les dialogues, mais identifie également les personnages et met en mots les ambiances d'un film. Cette technique particulière exige par ailleurs, selon la nature des diffusions, que le métier d'adaptateur fasse corps avec celui de sténotypiste en écrivant, au moyen de signes conventionnels, les dialogues à la vitesse de leur prononciation.

Généralement, le travail de sous-titrage est confié à l'adaptateur, mais il n'y a aucune nécessité à cela. Ici, la contrainte n'est pas le mouvement des bouches, mais le temps imparti à la lecture du sous-titre. Ce temps étant supérieur au temps d'écoute, il va donc falloir synthétiser le maximum d'informations dans un minimum de mots, c'est-à-dire de caractères lisibles à l'écran. Le paradoxe de ce travail réside sûrement dans le fait de réduire le sens par souci d'intelligibilité. Le traducteur doit faire des phrases simples, directes, nerveuses, concises et bannir les explétifs. Le sous-titrage est donc, comme le dit Paul Memmi, « l'art du biais, de la chute, de l'aphorisme et de l'incise. »

Pour mener à bien son travail, l'auteur hérite d'une copie du film (VHS, DVD) ainsi que d'une transcription des dialogues originaux (aujourd'hui sous forme de fichier informatique) d'un studio de sous-titrage. Ce studio, qui (sauf exception) est un prestataire technique autre que l'entreprise de doublage, a repéré tous les dialogues du film et, en fonction du temps imparti pour lire une phrase ou sous-titre (une phrase correspond à un sous-titre de quinze caractères, espace compris, soit deux secondes de lecture) a déterminé l'emplacement, la longueur et le nombre de caractères à employer pour chaque sous-titre. Ce repérage, qui s'apparente à une grille, est également donné à l'adaptateur sous forme de fichier numérique et c'est à l'intérieur de cette grille qu'il va écrire les sous-titres. Un sous-titre ne doit normalement pas faire plus de deux lignes pour ne pas briser l'attention portée au film. Il y a quelques années, le sous-titre devait suivre la durée du plan ; aujourd'hui, malgré le risque de rémanence visuelle que peut apporter un changement de plan, il peut en chevaucher plusieurs.

Les sous-titres pour la télévision doivent être plus courts, l'écran étant plus petit que celui de la projection cinématographique. Certaines chaînes imposent un nombre de trente-quatre caractères maximum par ligne, espaces et ponctuation compris. ARTE, par exemple, fixe la limite à trente caractères. Pourtant, le sous-titrage que l'on trouve dans certains DVD du commerce est loin de suivre cette règle hexagonale.

Une fois les sous-titres calés à l'image, le traducteur s'oblige à une phase de simulation où il va visionner le film dans son intégralité pour vérifier et corriger si nécessaire l'orthographe, le sens ou la longueur des sous-titres.

Some like it hot (Certains l'aiment chaud). Ici, le sous-titre répond brillamment, dans son incise, au sens du dialogue original. Comparer avec l'adaptation correspondante page 44.

Le voice over

Dans le voice over, la traduction côtoie les dialogues originaux. En d'autres termes, la lecture par un comédien de l'adaptation des dialogues ou d'un commentaire se superpose aux dialogues ou commentaires originaux. Cette technique, couramment utilisée dans les documentaires, permet de préserver l'identité et le caractère d'un film à moindres frais.

L'audiodescription

Ce procédé, mis au point au début des années 1980 par l'Université de San Francisco à destination des aveugles et des malvoyants, consiste à incruster entre les dialogues la description audio des images d'un film. Ainsi, suivant une méthode rigoureuse, l'auteur – qui est ici traducteur d'images – a pour tâche de décrire, c'est-à-dire de reconstruire verbalement les actions, le jeu des acteurs, les décors, l'ambiance, le paysage, les couleurs, etc., afin de permettre au spectateur aveugle d'être immergé dans le film et d'éprouver des sensations identiques à celles que peut ressentir le spectateur voyant.

Profil, formation et statut

Il va sans dire que la maîtrise d'au moins une langue étrangère est nécessaire. Cependant, ce n'est pas tant la seule connaissance de la langue « source » comme telle qui est exigée, que la maîtrise profonde de celle du pays de destination ou langue « cible ». Plus grande sera la maîtrise de cette dernière, plus belle et précise sera l'adaptation. De même, l'auteur doit être capable de convoquer la culture (littérature, histoire, politique, etc.) liée à la langue « cible » pour asseoir au mieux son adaptation.

Formation

Si de nombreuses écoles et universités offrent des formations spécialisées dans la traduction audiovisuelle (voir annexes), les quelques quatre cents adaptateurs recensés en France par la

SACEM viennent d'horizons et de cursus divers (réalisation, comédie, écriture, traduction, enseignement, linguistique...), ce qui tend à prouver qu'il n'y a pas de voie tracée ou d'école unique pour devenir auteur.

Comment débuter ?

En entrant dans le métier, le traducteur dialoguiste fait généralement ses premières armes sur des soaps ou des sitcoms venus d'outre-Atlantique. L'histoire comme les profils psychologiques des personnages de ces séries sont simples et faciles à appréhender. Il y a peu de niveaux de langage et peu de jeux de mots. À proprement parler, il s'agit d'adapter des dialogues qui n'en sont pas – les structures idiomatiques et grammaticales se répétant à l'envi – sur une intrigue nulle, rythmée par des actions inexistantes. À cette torture à laquelle est confronté le traducteur de talent, se rajoute la récurrence des gros plans qui fait de la recherche du synchronisme labial un véritable supplice.

Cet apprentissage fastidieux a valeur d'exercice et la vertu de pousser l'auteur à l'invention et à la variation. Après quelques années passées sur ces séries insipides, l'adaptateur se verra progressivement confier des séries de meilleure facture, des téléfilms, puis finalement des longs métrages de cinéma.

On ne saurait trop recommander, à toute personne désireuse d'entrer dans le sacerdoce de l'adaptation, de s'inspirer de la connaissance encyclopédique d'un Eric Kahane, de l'intelligence d'une Jacqueline Cohen, de l'intégrité d'un Thomas Murat, de la clarté d'un Paul Memmi et, d'une façon générale, de prendre exemple sur l'humilité de tous ceux qui œuvrent pour cet art.

Statut et rémunération

L'adaptateur dialoguiste et traducteur a un statut d'auteur. C'est un travailleur indépendant qui est assujetti à l'AGESSA et doit payer lui-même sa sécurité sociale et sa caisse de retraite (voir annexes page 92). Chaque film fait l'objet d'un contrat pour lequel il émet une note d'auteur ou d'honoraires payée au mieux à 60 ou 90 jours fin de mois. C'est ce qu'on appelle la prime à la

AGESSA et sociétés d'auteur

L'inscription à l'AGESSA est obligatoire car en France tous les revenus sont assujettis à des charges sociales. C'est une cotisation sans contrepartie prélevée sur chaque note d'auteur ou d'honoraires. Les sociétés d'auteur, elles, ont pour fonction de protéger, défendre et reverser les droits d'auteur générés par la diffusion et l'exploitation des œuvres.

commande, dont le montant tourne autour de 2 800 euros pour un film de 90 minutes en 35 mm. Des droits d'auteur lui sont reversés par le biais d'une société d'auteur (généralement la SACEM) à laquelle il est affilié.

Ces droits, qui représentent environ dix pour cent des droits de l'auteur des dialogues originaux, lui apportent un complément de revenu substantiel. Ils sont calculés en fonction d'un pourcentage prélevé sur le prix du ticket de cinéma et les ventes de cassettes et DVD, ainsi qu'en fonction de barèmes et des catégories propres à la télédiffusion (chaînes hertziennes, câble, heure de diffusion, rediffusion, etc.). Il est donc primordial pour l'adaptateur de demander une attestation de travaux auprès du doubleur, puis de relever le code barre des DVD mis en vente pour prouver la réalité de son travail et faire valoir ainsi ses droits auprès de la société d'auteur.

Au cours de leur carrière, de nombreux adaptateurs évoluent vers le métier de chef de plateau, voire cumulent les deux fonctions, ce qui leur permet d'être intermittents du spectacle et de bénéficier des droits afférents (voir annexes page 92).

Un auteur produit en moyenne 10 minutes de travail utile par jour. Suivant la longueur du film et les délais qui lui sont ?imposés, il lui faut entre 2 et 3 semaines pour adapter un ?long métrage, soit le double du temps imparti à la détection. C'est un métier solitaire, contraignant, éprouvant, stressant, qui se fait souvent dans l'urgence et où la remise en question est constante. De fait, il n'y a aucune sécurité de l'emploi, aucune indemnité chômage et aucune facturation d'heure supplémentaire. Les droits versés par la SACEM étant aléatoires, les rentrées d'argent varient d'un mois sur l'autre. De plus, pour mieux s'en prémunir, il convient de faire mention d'une pratique détestable qui a cours chez certains doubleurs. Ces derniers, dont nous tairons les noms, facilement identifiables par ailleurs par le simple bouche-à-oreille, exercent un odieux chantage auprès de jeunes auteurs. C'est ainsi que contre l'assurance d'un travail, ces doubleurs déclarent l'adaptation en leur nom et spolient les auteurs réels de leurs droits.

Ces droits d'auteur ne sont guère mieux respectés de l'autre côté de la Manche et de l'Atlantique, où certains éditeurs de

Tarifs syndicaux

Les tarifs syndicaux ne sont pas toujours ceux du marché, surtout dans l'adaptation des soaps où certains auteurs n'hésitent pas à travailler à 40 % du prix syndical. Néanmoins, un tarif moyen de 320 euros la bobine, c'est-à-dire pour 10 minutes de film, semble se pratiquer pour les longs métrages en 35 mm, et un forfait d'environ 600 euros pour l'adaptation complète d'un soap de 40 minutes. Il existe donc, à la prime à la commande, de fortes disparités tarifaires tributaires de la diffusion du produit (hertzien, câble, salles de cinéma), alors même que le travail à fournir est rigoureusement identique.

Voici, à titre indicatif, les tarifs donnés par le SNAC (Syndicat national des auteurs et compositeurs) tels qu'ils ont été réévalués au 1er avril 2004.

Doublage

1 - Destiné à une exploitation télévisuelle hertzienne : le tarif minimum est de 251 euros la bobine.

2 - Destiné à une exploitation cinématographique : le tarif minimum est de 331 euros la bobine.

Sous-titrage

1 - Sous-titrage cinéma : 3,57 euros le sous-titre hors repérage.

2 - Sous-titrage télévision : 2,55 euros le sous-titre hors repérage.

3 - Sous-titrage télévision : 251 euros la bobine hors repérage. Sous-titrage destiné à une chaîne du câble et/ou du satellite (chaîne non diffusée, par ailleurs, par voie hertzienne).

Voice over

33 euros le feuillet (25 lignes de 60 signes chacune).

DVD ont la bassesse de détourner les sous-titres déjà traduits pour les faire retoucher dans le dos des adaptateurs. Le résultat, souvent calamiteux, leur permet de faire valoir une traduction « originale » exécutée à Londres ou à Los Angeles, les dédouanant ainsi de l'acquittement des droits d'auteur français.

On peut dès lors se demander, en paraphrasant Charles Baudelaire, « pourquoi vendre sa plume et vouloir être auteur ? » Parce que malgré ces contraintes et malgré ces pratiques (qui ne sont heureusement pas la règle), l'adaptation est rien moins qu'un défi intellectuel stimulant et magique. Il suffit, pour s'en rendre compte, de voir l'émotion sans cesse renouvelée qui habite l'auteur à l'incarnation de ses dialogues, si pauvres soient-ils, par les comédiens sur un plateau d'enregistrement. Prendre part à la fabrication artisanale de ce rêve reste un des attraits et des plaisirs irrépressibles de cette filière... Cette dernière est en cela à l'image exacte du monde réel du cinéma, où le sublime côtoie le sordide, où les trahisons contrastent avec de belles solidarités, ainsi que dans la charge critique faite sur Hollywood par Vicente Minelli, en 1952, dans *Les Ensorcelés (The Bad and the Beautiful)*.

Les conseils du pro

L'adaptateur dialoguiste se soumet à une œuvre et doit en saisir et en restituer au plus près la vérité. Mais attention, il est des mots de la langue originale qui ne trouvent aucun équivalent dans la langue qui les reçoit en traduction, et il en est d'autres dont les équivalents s'imposent avec évidence mais auxquels sont attachées des connotations différentes de celles portées par le mot original.

Tout comme le langage évolue au diapason de la société, la traduction se nourrit de l'air du temps. Il faut donc garder l'esprit ouvert, décrypter l'image (la physiologie, la coiffure, la tenue vestimentaire, la gestuelle, le décor, le lieu de vie des personnages, etc.), afin d'être précis dans le choix du vocabulaire, de déterminer rapidement les questions de tutoiement et de vouvoiement et de typer ainsi les dialogues. Comme l'adaptation est l'écriture de l'oralité, il appartient à l'auteur de se ressourcer dans la discussion et le bavardage pour oublier la tentation de l'écrit et se réapproprier le langage usuel et quotidien. Pour cela, le meilleur moyen est de laisser traîner ses oreilles au sortir des lycées, des salles de spectacle ou encore dans les cafés, en un mot, de prendre l'air du temps.

En règle générale, l'auteur est plus libre dans l'adaptation d'un long métrage de cinéma que dans celle d'un soap ou d'une série télévisée. La télévision impose en effet un filtre d'autocensure, en partie comparable au logiciel qui, sur les télévisions nord-américaines, détecte et parasite toute expression scabreuse ou blasphématoire. L'adaptation destinée aux chaînes de télévision, sauf recommandation contraire des clients, doit être propre et lisse. L'auteur se doit de faire un usage parcimonieux des « gros » mots, et les éviter, autant que faire se peut, dans la bouche d'une femme. Rien d'illégal ou d'ambigu ne doit apparaître pour ne pas heurter la sensibilité du spectateur. Il lui faut contourner les connotations sexuelles et ne point faire de référence à une actualité trop précise. C'est ainsi que le respect de cette « procédure », qui écrète et gomme tout relief au nom de l'audience et du plus grand dénominateur commun, permet, semble-t-il, au public de saisir l'intrigue sans effort et de s'identifier facilement avec les personnages.

Tel Gustave Flaubert dans son « gueuloir », l'adaptateur aura soin de lire à haute voix sa traduction pour s'assurer de son rythme et de son naturel. Les dialogues doivent être fluides et sans points d'achoppement qui pourraient freiner la compréhension du spectateur. Il faut toujours se référer à la bande originale plutôt qu'au script qui n'est pas toujours exempt d'erreurs ou d'omissions. Il faut sans cesse, par souci de synchronisme et de cohérence, vérifier l'image et le son. En effet, le choix d'un mot peut évoluer en fonction de la valeur du plan et de la position des personnages dans l'espace. De même, il arrive souvent que des ambiances porteuses de sens (match de foot, appels radio des voitures de police, etc.) ne soient pas détectées ou retranscrites alors même qu'elles s'immiscent visuellement dans une séquence. Il appartient à l'adaptateur de traduire ces « rendez-vous image », parfois même de les inventer en intégralité en ayant soin de retrouver la tonalité, l'esprit, le vocabulaire technique et le synchronisme correspondant.

L'auteur doit rester humble et loyal : il n'est qu'un relais, un moyen terme entre le dialogue original et le public du film adapté. Si ce métier solitaire empiète souvent sur la vie sociale (mais c'est là le charme de l'indépendance), il reste néanmoins nécessaire de cultiver un relationnel varié (avocat, médecin, infirmière, prêtre, pasteur, rabbin, imam, musicien, sportif, journaliste, scientifique, œnologue, etc.), apte à donner la traduction de termes techniques précis et cohérents. De même, afin de s'approcher de la meilleure « mise en bouche » possible, l'auteur pourra s'enquérir, auprès du directeur artistique, du choix des comédiens pressentis pour assurer le doublage.

Enfin, l'auteur ne doit pas hésiter à se rendre à l'enregistrement pour voir et entendre ce que les comédiens font de son texte. C'est une source d'enrichissement et d'émotion sans cesse renouvelée.

Le directeur artistique ou chef de plateau

Le métier de directeur artistique se confond aujourd'hui avec celui de chef de plateau. Cette double dénomination permet néanmoins de cerner les contours de ce métier tout en en saisissant l'évolution de fond.

La différence entre le directeur artistique et le chef de plateau semble se résumer à une répartition des tâches : le directeur artistique s'occupe de la distribution des rôles, de la vérifica-

Directeur artistique en séance d'enregistrement.

tion des dialogues, du plan de travail et de la supervision du mixage alors que le directeur de plateau ne s'occupe que du seul enregistrement.

Avant que le doublage ne s'industrialise, il se faisait en quelque sorte « à façon », c'est-à-dire avec la noblesse de l'artisanat, que cela soit en Europe, au sein même des départements dédiés des Majors, ou dans des structures artisanales extérieures. Le directeur artistique jouissait alors d'une autonomie qui n'avait d'égale que la confiance marquée du producteur dont il représentait les intérêts. Il avait ainsi toute latitude pour engager l'adaptateur de son choix, « caster » et embaucher les comédiens qu'il allait lui-même diriger, à moins qu'il ne laisse, selon son gré, cette tâche à un chef de plateau.

L'arrivée de la télévision réduisit les budgets et les délais. L'évolution technologique et l'arrivée du numérique permirent de gagner en vitesse mais bouleversèrent le monde du doublage et de la postsynchronisation.

Si aujourd'hui encore le directeur artistique veille jalousement sur les intérêts de son client, son expertise et sa liberté artistique doivent non seulement composer avec les jugements et choix esthétiques d'un superviseur dépêché par la production, mais aussi avec les impératifs commerciaux et « artistiques » des diffuseurs (réduction des moyens, comédiens imposés, adaptateur non choisi, etc.). À ce titre, le métier ou la fonction de superviseur, qui est une sorte de contrôleur ou directeur qualité du doublage, est symptomatique de l'évolution du métier de directeur artistique et témoigne de la réduction accrue des compétences et des prérogatives qui étaient les siennes. En outre, la paranoïa entretenue par le piratage des *blockbusters* ou superproductions hollywoodiennes entrave parfois le plein exercice des compétences et amoindrit l'intérêt porté au travail, le directeur artistique comme l'adaptateur héritant d'une version originale aux images caviardées, où ne subsistent de façon visible que les bouches des personnages.

Le directeur artistique qui avait pour fonction de superviser le doublage avec la passion d'un artisan contrôlant point par point le bel ouvrage, se retrouve de plus en plus à gérer sur le plateau la fragmentation des tâches en assumant des choix qui ne sont plus de son seul ressort.

Choix subjectifs et esthétiques

Malgré cette évolution de fond, l'exigence première du directeur artistique réside toujours dans la défense et le respect de l'œuvre originale, que son travail commence en amont de la direction des comédiens ou sur le plateau même.

Ce sont donc des critères objectifs (ligne éditoriale, délais et budget) et des critères subjectifs (choix esthétiques) qui vont présider à l'action du directeur artistique, tant dans le contrôle de l'adaptation que dans celui de l'enregistrement et de l'interprétation de l'œuvre doublée. C'est ainsi que le choix précis d'un auteur va jouer dans la fidélité due à l'œuvre originale. Tel adaptateur sera plus à l'aise dans la comédie que dans un drame psychologique, tel autre plus à même de faire corps avec un film d'auteur qu'avec un film d'action. Il en va de même avec les comédiens. Le choix d'une voix, d'une tessiture, d'une couleur, d'un grain particulier, doit s'accorder avec le caractère, le tempérament et le jeu du personnage présent à l'écran.

Tous ces choix traduisent l'expérience du directeur artistique, laquelle se fait dans le temps. C'est la raison pour laquelle le directeur artistique est rarement un jeune qui débute dans la profession (voir Profil, formation et statut page 64). Son réseau d'adaptateurs et de comédiens se constitue au fil des années au gré de la singularité des auteurs et des comédiens, et autant que ces derniers réussissent à émerger dans leur métier respectif. C'est également pour cela que le casting des voix se fait, pour ainsi dire, en puisant dans son « carnet d'adresses ». C'est parce qu'un comédien aura fait un film, du théâtre ou de la radio, qu'il sera « rentré » dans l'oreille du directeur artistique, qu'il pourra être choisi et convoqué sur un plateau pour s'essayer à un bout d'essai et se voir éventuellement confier un rôle.

Parfois, cependant, tous ces choix subjectifs et esthétiques sont battus en brèche au nom d'impératifs commerciaux émanant du client ou du diffuseur qui impose telle tête d'affiche, ou encore de certaines stars internationales (américaines) qui ont un droit de regard sur la voix étrangère qui va les doubler. Ici, comme dans n'importe quel métier du doublage et du cinéma, la plus grande qualité requise pour réussir et durer reste l'adaptation ; adaptation qui pousse à composer sans cesse entre ses exigences personnelles et les contraintes extérieures.

Phase de vérification

Au service du réalisateur du film et du producteur, le directeur artistique répond de l'adaptation générale, des références culturelles et du vocabulaire choisi.

Avant que l'adaptation ne parte à la calligraphie, elle est soumise à son jugement assuré. Cette phase cruciale, qui se passe en studio, est celle de la vérification. L'adaptateur livre son travail en interprétant à tour de rôles les personnages, au rythme de la bande rythmo et des images du film, le son de la bande originale ayant été coupé. Selon les recommandations du directeur artistique, l'adaptateur sera amené à amender, préciser ou édulcorer son texte.

Plan de travail et enregistrement

En parallèle à cette phase de vérification qui dure une bonne journée, le directeur artistique établit le casting des comédiens (la distribution des rôles) et son plan de travail à l'aide du croisillé élaboré par le détecteur (voir la fiche sur Le détecteur page 34) qui recense le nombre de boucles (séquences d'enregistrement), ainsi qu'au moyen de la dactylographie des dialogues traduits (voir la fiche sur Le calligraphe page 66). Il détermine ainsi l'ordre d'enregistrement des boucles afin de rationaliser la présence des comédiens, suivant l'importance des rôles, sur le plateau (convocation et ordre de passage).

Aussi surprenant que cela puisse paraître, les comédiens découvrent le film et leur rôle à interpréter en entrant sur le plateau de doublage. Cette méconnaissance de l'histoire et des personnages est accentuée par la fragmentation des enregistrements, l'ordre de passage des comédiens sur le plateau suivant le plan du travail, c'est-à-dire l'ordre des boucles, et non la chronologie du film. Il appartient donc au directeur artistique de livrer toute son expertise pour leur rendre accessible l'unité de l'œuvre et leur permettre ainsi d'interpréter au mieux leur rôle.

C'est donc au cours des séances d'enregistrement, sur le plateau même, qu'il va leur disséquer l'intrigue du film, entrer dans la complexité des personnages, tracer leur profil psychologique, interpréter le sens sous-tendu par les images, leur donner toutes indications susceptibles de les aider à trouver leurs inflexions, leurs points d'appui, et à couler ainsi synchroniquement leur voix dans les lèvres d'un autre.

Il faut en moyenne 5 à 6 jours pour procéder à l'enregistrement des voix d'un long métrage de fiction. Il convient ensuite de rajouter 2 jours de studio pour finaliser le mixage.

Respect de l'œuvre originale

Il ne peut y avoir de réelle direction artistique sans empathie avec l'œuvre originale. Cette empathie critique pousse à rechercher le contenu de vérité du film – c'est-à-dire son idée, son sens et sa portée – non pour la trahir comme le stigmatise l'adage italien (*traduttore traditore*) mais bien pour la servir. Walter Benjamin déterminait ainsi cette recherche de vérité, dans l'*Origine du drame baroque allemand* [1], non comme « un dévoilement qui détruit le mystère, mais une révélation qui lui rend justice. »
Cette « justice » rendue à la vérité de l'œuvre originale reste, dans le doublage, l'apanage du directeur artistique. Tout choix, toute décision en émane, toute suggestion de l'auteur ou proposition du comédien y remonte, et ce dans le dessein de rechercher la résonance *presque* imperceptible d'un doublage transparent. *Presque*, parce que la version doublée porte la facture du temps où elle s'est élaborée. Aucune traduction n'est parfaite, aucune interprétation n'est définitive, chacune évoluant ainsi que le vocabulaire, la tonalité et le débit des voix, au diapason de la société et du langage. C'est ainsi que Walt Disney refait, tous les 15 ans, le doublage de ses grands dessins animés.

Principes fondamentaux

Nombre de films doublés trahissent le film original faute d'avoir recherché cette « justice » critique et passent outre – par négligence et intérêts économiques – les principes fondamentaux devant présider à l'élaboration de tout doublage, principes que

1. Walter Benjamin, *Origine du drame baroque allemand*, éditions Flammarion, 1985.

rappelle le grand directeur artistique Jacques Barclay :
• une détection irréprochable ;
• une excellente adaptation (sérieusement contrôlée par le directeur artistique) ;
• un casting cohérent ;
• une direction d'acteurs exigeante (où le ton, la rythmique et la langue originale se retrouvent dans l'interprétation de l'adaptation, en deux mots — la justesse et le synchronisme) ;
• le respect de l'avis de l'ingénieur du son (quant à la validité technique de l'enregistrement) ;
• le contrôle rigoureux du mixage.

Profil, formation et statut

Il est peu aisé de dresser le profil du directeur artistique. Plus que tout autre métier du doublage, la direction artistique se caractérise par ce que les anglo-américains appellent le *cross ?over*, c'est-à-dire le mélange des genres ou le croisement des savoir-faire et des parcours multiples. Comme nous l'avons vu, il n'est pas rare qu'un adaptateur devienne chef de plateau, mais il est encore plus fréquent de retrouver un comédien derrière un directeur artistique, certains parfois cumulant les deux, voire les trois métiers. D'autres ont été réalisateurs ou metteurs en scène, d'autres encore, gérants ou directeurs de société de doublage, assurent la direction artistique au sein même de leur entreprise.

Si les chefs de plateau viennent d'horizons aussi divers, c'est que ce métier appelle à la maîtrise de multiples compétences comme la parfaite connaissance grammaticale de la langue adaptée, l'aptitude à la direction d'acteurs, le sens de l'organisation. Cette maîtrise s'acquiert sur le terrain et après une solide expérience professionnelle.

C'est la raison pour laquelle il n'existe pas, à proprement parler, d'école de direction artistique (*dubbing director*) dédiée à la postsynchronisation et au doublage, et que le directeur artis-

Tarifs syndicaux

Le chef de plateau ou directeur artistique est payé environ 670 euros par jour sur les longs métrages de cinéma. Sa rémunération passe à un forfait de 590 euros jours à partir de trois jours consécutifs. Quand il travaille sur des téléfilms ou des séries télévisées, son salaire est de 407 euros par jour et de 354 euros par jour quand il passe au forfait, c'est-à-dire après trois jours de travail consécutifs. Si le forfait s'étend sur douze mois de travail consécutifs, il est alors payé sur une base de 327 euros par jour.

tique est rarement un jeune qui débute dans le métier.

Le directeur artistique, comme le chef de plateau, peut être engagé au film et jouir du statut d'intermittent (code Rome de l'ANPE n° 21 215), ou être salarié à l'année par une entreprise de doublage.

Les conseils du pro

La bande rythmo est le mètre étalon du synchronisme. Les intentions de tonalité et de rythme sont données au travers de la graphie des lettres. Le directeur artistique, les comédiens (ainsi que l'ingénieur du son) s'y réfèrent comme à une boussole ou une horloge.

Le directeur artistique aura soin de faire marquer les labiales aux comédiens, de veiller à ce qu'ils ne les amollissent pas, ces dernières marquant les pivots rythmiques de la phrase adaptée. Il lui faut donc prendre garde au respect de ces pulsations afin de ne pas faire disparaître l'intentionnalité interprétative du comédien et, par voie de conséquence, trahir l'intention de l'auteur et du film.

Le calligraphe

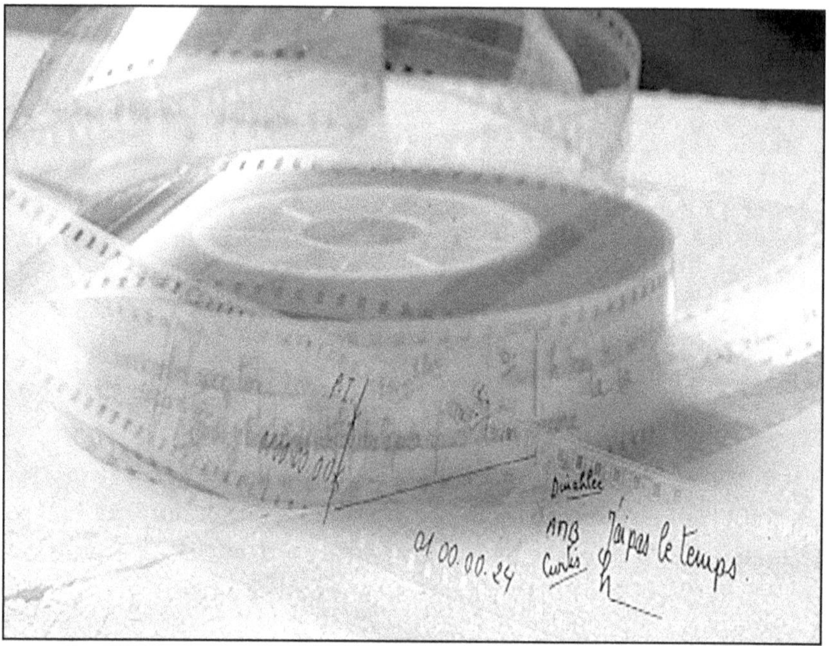

Bande calligraphiée.

Le travail de calligraphie intervient après la phase de vérification, c'est-à-dire de façon concomitante à la rédaction du plan de travail par le directeur artistique.

Dans sa définition la plus simple, la calligraphie est une mise au propre du texte de l'adaptateur qui s'apparente à un décalque. En effet, le calligraphe recopie le texte adapté par l'auteur sur une bande de celluloïd transparente qui défile au même rythme que la bande mère [2]. C'est cette bande transparente – où le nom des personnages, les changements de plans et les numéros de boucles ont également été recopiés – qui va défiler de droite à gauche de l'écran synchroniquement à l'image mais huit fois plus lentement que le film (afin de faire correspondre la graphie des lettres au débit des dialogues), et que les comédiens vont lire et « jouer » sur le plateau à l'enregistrement.

2. Il utilise pour cela une pointe fine et de l'encre de Chine noire. Les bandes sont entraînées ensemble à l'aide d'un défileur synchrone ou d'une table de calligraphie.

Le but de la calligraphie est de rendre visuel le jeu des comédiens, c'est-à-dire de faire sortir de la graphie la magie de l'interprétation, retrouver l'intonation originale à travers l'intention de l'adaptateur. En d'autres termes, la calligraphie cherche à s'approcher d'une intonation singulière, d'une saillie rythmique et de la prosodie du personnage (ton, accentuation, rythme...) en jouant sur le dessin de la phrase. Une bonne calligraphie fait donc sentir les points d'appui, marque le tempo, attire l'œil du comédien en lui donnant des indications qui vont l'aider à arrêter et régler son jeu. Ces indications se traduisent par l'accentuation de la forme des lettres, en les élargissant ou en les rétrécissant, en jouant également sur l'épaisseur du trait et sur l'encrage.

Cette calligraphie indique que la voix traîne sur le « é » de « chérie ».

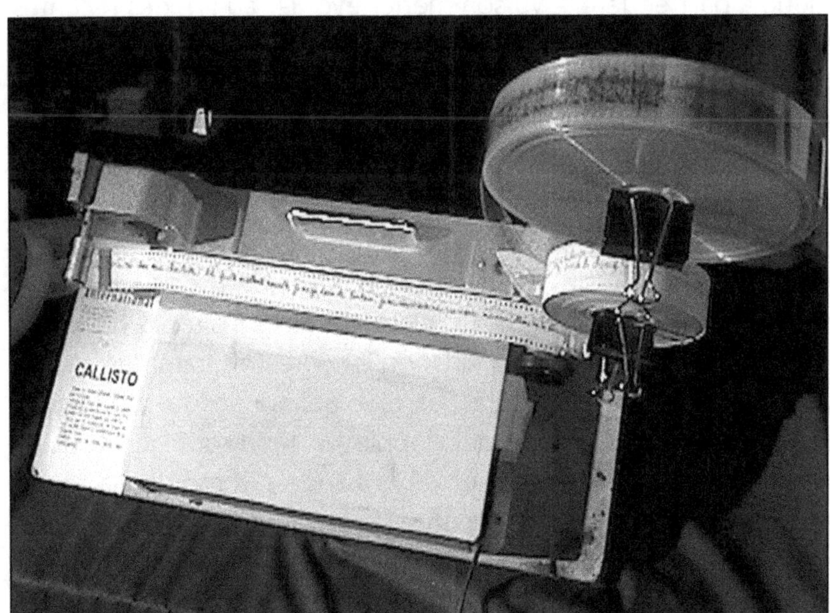

La table de calligraphie Callisto. Elle sert à garantir le synchronisme de la bande mère et de la bande de calligraphie, qui défilent perforation contre perforation.

Une fois ce travail effectué, il appartient parfois au calligraphe de saisir les dialogues sur ordinateur. Ce document va aider le directeur artistique à parachever son plan de travail. Les comédiens étant par ailleurs payés à la ligne [3], cette retranscription servira également de base pour établir le montant de leur rémunération. Il faut en moyenne deux jours pour calligraphier un long métrage d'une durée de 90 minutes, et une journée supplémentaire pour assurer la saisie informatique des dialogues.

La planche à calligraphier, ou table de synchro et calligraphie sur laquelle la profession exerce son art, ressort plus du bricolage que du bel outil manufacturé. Il existe néanmoins le prototype d'une ingénieuse machine ergonomique aux lignes épurées baptisée Callisto (voir les références en annexes).

Évolution de la calligraphie

La calligraphie qui était, il y a quelques années encore, une technique à part entière, a vu son métier évoluer au gré des récentes évolutions technologiques. Aujourd'hui, quelques studios de postsynchronisation équipés de rythmo virtuelle (voir les annexes) laissent désormais cette tâche, ainsi que celle de la détection, à l'adaptateur. Bien que cette calligraphie virtuelle qui s'écrit directement sur un ordinateur (grâce à un logiciel couplé avec l'interface d'une palette graphique) semble donner satisfaction dans les doublages des dessins animés, son manque de précision la rend pour l'instant inutilisable pour les téléfilms et les longs métrages de cinéma. Cependant, la fin non encore programmée de ce métier artisanal n'entraînera pas une économie de production substantielle. En effet, la calligraphie ne représente en tout et pour tout que 1 % du budget de la bande rythmo. Il y a fort à parier, au contraire, pour reprendre l'audit avisé de Guy Desdames, que la disparition progressive de ce métier prive de façon certaine la filière du doublage « d'agents de coordination bien utiles et dont l'absence se répercutera immanquablement sur des postes plus sensibles. » [4]

3. Une ligne est composée de 50 caractères (voir aussi le lexique en fin d'ouvrage).

4. Guy Desdames, Gift Gibran, *Informatique pour bandes rythmo analogiques et numériques, Rapport et perspectives sur l'évolution technologique de la bande rythmo,* CNC, 2006.

Profil, formation et statut

Comme l'expriment les racines grecques du mot, la calligraphie est l'art de la belle écriture. Cette condition première est donc requise pour se lancer dans ce métier. Il faut également y adjoindre la maîtrise de la grammaire, de l'orthographe et de la ponctuation. Les rythmo de soaps et sitcoms dont la graphie négligée reproduit ou ajoute régulièrement des fautes d'accord ou de concordance de temps en sont de douloureux contre-exemples. Ces derniers ne sont pourtant que l'exact reflet des moyens mis en œuvre pour le doublage de ce genre de programmes.

De nombreux noms de directeur artistiques et d'adaptateurs pourraient être invoqués pour illustrer la progression et le tremplin professionnels que permet l'humble métier de calligraphe. Mais comment pourrait-il en être autrement quand les dialogues qui passent dans les doigts de ce copiste consciencieux arrivent dans leur fluidité « naturelle » ? À les réécrire, le calligraphe y étudie toute la richesse de l'expérience d'un auteur, son sens de la répartie, du rythme, de l'invention, et y relève également les écueils et les pièges de toute adaptation. À ce titre, la calligraphie reste une des meilleures écoles de terrain pour devenir adaptateur dialoguiste.

Tarifs syndicaux

Un calligraphe est payé approximativement trois fois moins qu'un détecteur et, tout comme lui, peut se voir proposer, au gré des sociétés de doublage, des tarifs hors de tout barème syndical et dont les fluctuations vont de 21 à 25 euros la bobine de 10 minutes pour les séries télévisées, jusqu'à 30 euros la bobine de 10 minutes pour les films en 35 mm. D'après ces fourchettes, un calligraphe peut donc gagner de 84 euros à 150 euros par jour.

Le travail de calligraphie prend deux fois moins de temps que le travail de détection. Un bon calligraphe est donc à même de produire 40 à 50 minutes utiles par jour. Assimilé à un assistant monteur, le calligraphe jouit du statut d'intermittent du spectacle (code Rome de l'ANPE n° 21 227).

Les conseils du pro

D'une certaine façon, la calligraphie de cinéma est une écriture sans caractère, c'est-à-dire presque universelle, vidée de la personnalité du graphiste. Elle doit néanmoins être l'exact reflet de la détection en jouant sur la graphie des lettres. Ce sont la taille de la lettre et la grosseur du trait qui font ressortir les intentions de l'adaptateur et qui seront autant d'inflexions dans la bouche des comédiens.

Le comédien ne doit pas à avoir à faire d'effort de lecture. Il faut que l'écriture soit belle et synchrone, lisible et régulière dans ses pleins et ses déliés. Il ne faut donc pas hésiter à lever souvent son stylo. Il faut également respecter rigoureusement la longueur des signes, la ponctuation et l'orthographe, dessiner distinctement le numéro des boucles et ne jamais écrire entre les perforations.

Quand les dialogues des personnages tendent à se chevaucher ou à se suivre de façon rapprochée, il est bon de faire courir des pointillés après chaque répartie afin que les comédiens puissent garder les yeux sur leur ligne sans perdre de temps à la chercher. Si l'encre de Chine a du mal à s'accrocher, passez un chiffon enduit d'alcool à brûler sur la bande de calligraphie. Pour une écriture serrée traduisant un débit rapide, prenez une pointe de 2,5 mm ; pour un débit plus lent, choisissez plutôt une pointe de 3,5 mm. Vous trouverez encre de Chine et pointes dans les magasins spécialisés dans les arts graphiques.

Sachez-le : une belle calligraphie, c'est moins d'effort de lecture pour les comédiens et le directeur artistique, et plus de temps accordé à l'interprétation. C'est, en un mot, la garantie d'une bonne ambiance sur le plateau d'enregistrement !

Le comédien

Comédien en séance de postsynchro.

Bugs Bunny, Colombo ou Dark Vador sont entrés dans nos vies quotidiennes comme autant de mythologies diffusées par cette autre mythologie qu'est la télévision. Ce sont des personnages : ici un lapin, là un gentil, là encore un méchant qui ont une voix originelle étrangère. Un lapin, un gentil, un méchant qui sont devenus pour le spectateur français des voix françaises immédiatement identifiables, tellement incorporées à leur personnage qu'elles en sont devenues indissociables. Et pourtant, derrière ces personnages, il y a trois comédiens singuliers, trois comédiens français de métier : ici Guy Pierauld, là Gérard Sauvion, là encore Georges Aminel. Il apparaît curieusement que la notoriété de ces comédiens est inversement proportionnelle à celle de leur personnage et de la voix qu'ils leur prêtent. Cet état de fait, qui peut apparaître comme une injustice relative, rend paradoxalement justice à l'intelligence de leur métier et à la magie d'un doublage réussi. Car un doublage digne de ce nom est un doublage qui ne se voit pas et qui ne s'entend pas, où le comédien ne dépasse pas de sa voix le personnage original mais parle *naturellement* par sa bouche. C'est donc toute la conjugaison des compétences de la filière technique du doublage qui s'exprime par la voix du comédien – en un mot, son professionnalisme.

Dès l'apparition du doublage au début des années 1930, nombre d'acteurs, de comédiens de théâtre et même, en France, de sociétaires de la Comédie Française ne dédaignèrent pas d'y prêter leur voix. Dès l'origine, ce fut affaire de professionnels ; c'est donc un non-sens de mettre en apposition le doublage pour déterminer le comédien.

Suivant le paradoxe qui caractérise son métier, il lui appartient d'avoir « de la pénétration et nulle sensibilité, l'art de tout imiter, ou, ce qui revient au même, une égale aptitude à toutes sortes de caractères et de rôles » [5], et de jeux, pourrions-nous ajouter à la suite de Diderot. Un comédien exprime son art totalement, qu'il fasse du doublage, de la radio, du théâtre ou du cinéma.

Pour dissiper de façon définitive tout malentendu, il convient également de relever deux barbarismes récurrents (dont la paternité semble revenir aux Belges et aux Québécois) qui touchent la dénomination de ce métier : les comédiens qui font du doublage ne sont ni des doubleurs, ces derniers étant, répétons-le, des entreprises de doublage, ni des doublures, qui sont des figurants ou des cascadeurs.

L'enregistrement

En entrant sur le plateau, le comédien prend place (seul ou à plusieurs, en fonction des scènes) devant un écran (ou un moniteur de télévision) et un microphone. Une barre ou un cordon de velours le sépare physiquement du micro, permettant ainsi à l'ingénieur du son d'assurer ses réglages techniques (hauteur

5. Denis Diderot, *Paradoxe sur le comédien*, *Œuvres esthétiques*, Garnier, 1968.

et position du micro, distance des comédiens) contre tout changement fortuit. Il arrive parfois, au cours des séances d'enregistrement et des boucles, que les comédiens y prennent appui, au gré des sentiments du personnage qu'ils doublent et de l'action du film.

Tout l'art du comédien va être de jouer son rôle debout devant cette barre, c'est-à-dire de lire sur la bande calligraphiée qui se déplace de droite à gauche de l'écran, huit fois moins vite que le film qui est projeté, les mots qui correspondent à son dialogue et de les prononcer au moment précis où ils passent sous un repère vertical fixe, à gauche de l'image (voir Métamorphoses de la bande rythmo page 20). Cet art ou cette technique est question de rythme. Un comédien peut l'avoir d'instinct, l'apprendre progressivement ou ne jamais y parvenir.

Pour se mettre l'intonation du personnage dans l'oreille, son jeu dans l'œil et la rythmo en bouche, les comédiens visionnent une première boucle en version originale. Cette première écoute est généralement suivie d'un enregistrement qui va servir de base, de jalon ou de référence pour le directeur artistique.

Suivant les besoins, ce dernier va leur donner des indications de jeu ou de ton, et entrer dans la psychologie du personnage et dans l'histoire (voir la fiche Le directeur artistique ou chef de plateau page 58). Parfois, par souci de synchronisme ou de fluidité, quelques modifications sont apportées au texte. La boucle est alors enregistrée une nouvelle fois en intégralité ou partiellement (opération technique rendue possible, avant l'arrivée du numérique, par l'invention de la reprise de « polar » (reprise du courant de polarisation), qui permettait de « rentrer » ponctuellement dans un enregistrement analogique existant sans générer de pertes ou de parasites acoustiques), jusqu'à la satisfaction du directeur de plateau et de l'ingénieur de son.

En règle générale, il faut 5 jours de studio pour faire le doublage ou l'enregistrement des voix d'un long métrage destiné aux salles.

Le métier

Le comédien intervient au terme du long processus de l'élaboration de la bande rythmo : il lui appartient d'en faire la synthèse. Il doit donc retrouver la tonicité des répliques de la version originale en fonction de la proposition qui lui est donnée sur la bande rythmo.

Ainsi que nous l'avons vu, les comédiens découvrent le film sur le plateau, dans l'ordre d'enregistrement des boucles, non dans la chronologie de l'histoire. De même qu'ils n'ont pas eu accès au scénario original, il est rare qu'ils aient eu l'opportunité de visionner la version originale. C'est donc dans l'immédiateté, de façon instinctive, qu'ils doivent jouer juste.

Dans le jeu du doublage, le comédien prend possession du corps muet d'un personnage en y faisant habiter l'âme de sa voix. Il met son métier au service du film, d'une émotion, d'un sentiment, d'une idée, d'une image, du synchronisme. Ainsi qu'un musicien, il interprète la partition rythmographique avec tout son art, sa diction, sa force, son articulation et son intelligence, la calligraphie jouant comme autant d'indications de rythmes, de repères et de points d'appui. De la manière dont il va jouer avec le texte ou aller contre lui, l'adaptateur va être à même de juger de ses réussites et de ses lacunes.

Humilité du comédien et mort de l'artiste

Aussi surprenant que cela puisse paraître, tout comédien ou acteur confirmé n'est pas nécessairement un comédien apte à faire du doublage. Les contraintes conjuguées de la bande rythmo, du synchronisme et de la justesse du ton à donner dans l'instant entravent l'ampleur du geste et de l'expression dramatique à laquelle nombre de comédiens sont habitués. Respirer et jouer dans le corps d'un autre n'est pas chose aisée. En cela, le doublage est la grande école de l'humilité. Pour y réussir, les, comédiens doivent y faire le deuil de leur égotisme et de leur amour propre. Un plateau d'enregistrement ne sera jamais ni une scène de théâtre ni un studio de tournage, et la voix prêtée à la tête d'affiche comme au second rôle est faite pour rester dans l'ombre.

Certains comédiens se soumettent à cet exercice avec une telle exclusivité qu'il arrive parfois que le doublage devienne le tombeau de leur âme d'artiste. En effet, cet art si particulier a brisé et atrophié bien des carrières de comédiens qui, entrés jeunes dans la profession sur des feuilletons et sitcoms où les épisodes se comptent en décennies, ont vieilli dans la rente confortable que leur procurait leur personnage sans réussir à développer ou épanouir leur talent.

Profil, formation et statut

L'on fait du doublage parce que l'on est comédien, non pour le devenir. Les écoles d'art dramatique (cours privés, conservatoire, etc.) restent donc la meilleure filière pour entrer dans le métier.

Les directeurs artistiques, toujours à l'affût de nouvelles voix, restent curieux de toute production inédite. C'est parce qu'un comédien aura été vu ou entendu sur une scène, dans un spectacle ou dans un film, qu'il pourra se voir proposer le doublage d'un personnage. Par ailleurs, les studios ouvrent souvent leurs portes pour permettre aux comédiens de s'essayer à des bouts de rythmo et se familiariser à cette technique en regardant les autres comédiens en action.

Il existe également, depuis quelques années, des stages de doublage conventionnés par l'AFDAS à destination des comédiens (voir annexes). Le comédien jouit du statut d'intermittent du spectacle (code Rome n° 21 211 de l'ANPE).

Depuis le 12 mars 2005, date de promulgation dans le Journal officiel de l'extension d'un accord national professionnel régissant les droits sur la rediffusion des œuvres en VF et la grille de salaires minima des artistes-interprètes (convention DADR), tout comédien qui fait du doublage touche des droits sur la rediffusion

Tarifs syndicaux

Le comédien est payé à la ligne ou au forfait. Une ligne est composée de 50 caractères (lettres, signes et intervalles). La rétribution varie en fonction de diverses catégories déterminées par le nombre de lignes de texte, du rôle (personnage, ambiance(s), retake*, etc.) et de la qualification de l'œuvre audiovisuelle* (voir lexique page 78).

des programmes, et tout doubleur est tenu d'appliquer tarifs et barèmes de la convention collective de la filière du doublage (CC n° 3219). Cependant, certaines entreprises pratiquent toujours des tarifs inférieurs à ceux prévus par la négociation.

Les conseils du pro

Il ne suffit pas d'avoir une jolie voix pour faire du doublage, il faut être comédien et savoir s'effacer derrière le personnage à qui l'on prête sa voix. Les comédiens qui excellent dans cette pratique et retrouvent la vérité et la justesse du ton de la version originale prêtent une attention soutenue aux yeux et aux regards des personnages tout en ayant une lecture globale de la bande rythmo. Ici comme dans la détection et l'adaptation, l'attention portée au « synchronisme corporel » est essentielle pour faire siennes les intentions du personnage et trouver les justes inflexions qui y correspondent (voir Les signes mimi?ques et les ponctuations visuelles et sonores page 24). Le texte rythmographique demande une interprétation réelle et non une simple lecture juste et en place. Le comédien doit y mettre les chairs de sa sensibilité et ne jamais changer les mots d'un dialogue de sa propre initiative. Toute modification sur le texte doit être discutée en premier lieu avec le directeur de plateau. Attention de ne pas mourir du doublage car s'il peut enrichir le jeu d'un comédien en rigueur, retenue, précision et justesse, il n'est jamais une fin en soi.

Annexes

Lexique

Ambiance : brouhaha de paroles, perceptibles ou indistinctes, qui constitue le fond sonore d'un plan ou d'une scène. Les ambiances sont classées en trois catégories (suivant que le brouhaha est indistinct, soutenu ou intensif) auxquelles vont répondre, pour les comédiens, trois échelons de rétribution différents.

Auditorium : au pluriel, auditoria. Salle insonorisée, spécialement aménagée pour traiter et enregistrer le son.

Bande mère : bande rythmo* sur laquelle l'auteur adapte les dialogues du film.

Bande rythmo : abréviation de bande rythmographique. Dans le doublage, terme générique correspondant à une bande amorce 35 mm non émulsionnée sur laquelle le détecteur codifie l'image et le son d'un film. C'est sur cette même bande, ensuite, que l'auteur écrit l'adaptation des dialogues originaux. C'est cette bande adaptée (ou bande mère), enfin, que le calligraphe dédouble sur une bande de celluloïd transparente et qui défile horizontalement de droite à gauche en bas de l'écran. Lors du mixage*, la bande rythmo est graduée en secondes, ce qui permet à l'ingénieur du son de contrôler le synchronisme de l'image et du son d'un film.

Bible : répertoire des traductions des noms des personnages, des lieux et événements apparaissant de façon récurrente dans les séries. Ce répertoire indexe également les conventions de vouvoiement et de tutoiement que les personnages entretiennent les uns par rapport aux autres au fil des épisodes.

Boucle : séquence d'enregistrement d'une durée moyenne de 45 secondes déterminée par le détecteur en fonction de l'importance des dialogues.

Bruitage : reconstitution, en studio, d'effets sonores accompagnant l'action d'un film. Le bruitage est couplé avec la musique sur la version internationale.

Calligraphie : décalque de la bande mère sur une bande de celluloïd transparente destinée à être projetée devant les comédiens. Les dialogues adaptés sont alors réécrits de telle manière que la graphie des lettres imite l'intonation originale des dialogues, en traduisant l'intention de l'adaptateur.

Croisillé : tableau de bord à destination du directeur artistique ou du chef de plateau, rempli par le détecteur, et où sont répertoriés le numéro des boucles, le nom des personnages, le nombre de lignes* de dialogues qui leur sont associées ainsi que leur emplacement précis sur la bande.

Champ : espace filmique délimité par les bords du cadre.

Cut : point de coupe ou coupe franche. Succession de deux plans ou deux scènes sans effet de liaison (raccord, fondu).

Décompte : compte à rebours inscrit sur le PAD* et servant de repère pour lancer un programme depuis la régie de diffusion.

Doublage : travail consistant, pour un comédien, à interpréter vocalement, dans une œuvre audiovisuelle*, un rôle qu'il n'a pas interprété à l'image.

Doubleur : entreprise dont le métier consiste à traiter la post-synchronisation* et le doublage*.

Étalonnage : correction et harmonisation chromatique des images d'un film.

Fermeture en fondu : disparition progressive de l'image en fin de plan.

Fondu enchaîné : apparition d'une image en surimpression d'une autre image qui disparaît.

Hors champ : espace invisible qui englobe le champ*. Il ne peut être défini qu'en fonction du champ auquel il se rattache.

Intertitre : à l'époque du cinéma muet, plan d'un texte introduit dans un film pour expliquer l'action en cours ou reproduire des dialogues.

Ligne : phrase que lit et interprète un comédien dans le cadre du doublage* et de la postsynchronisation*. Une ligne est composée de 50 caractères (lettres, signes et intervalles) ; c'est l'unité de base servant à calculer le salaire du comédien.

Lipsync (contraction de *lips synchronisation*, synchronisme labial) : codification du mouvement des lèvres des comédiens ainsi qu'une traduction en signes de l'image et du son d'un film.

Mille : fréquence de 1 000 hertz située en début de bande, courant sous la mire de barre* et servant à calibrer le son en vue de la diffusion. Sur chaque PAD*, 3 secondes avant la première image du film, une image de mille est intercalée afin de caler et de vérifier le synchronisme de l'image et du son.

Mire de barre : mire composée de 8 bandes verticales dont les couleurs sont respectivement, de gauche à droite, le blanc, le jaune, le cyan, le vert, le magenta, le rouge, le bleu et le noir. Cette mire permet de vérifier et de contrôler la validité du signal vidéo dans sa chrominance et sa luminance.

Mixage : mélange et équilibrage de différentes bandes sonores (musiques, ambiances, dialogues) en une bande unique.

Mixeur : technicien responsable de l'équilibrage et du mélange des différentes sources sonores.

Montage : assemblage matériel et stylistique des éléments visuels et sonores recueillis au cours du tournage en vue de former l'œuvre cinématographique, c'est-à-dire le film.

Nodal : local où se concentrent et se distribuent les flux techniques (audio, vidéo, informatique, etc.) d'un studio.

Œuvre audiovisuelle : par « œuvre audiovisuelle », il faut comprendre un film, un téléfilm, une série de téléfilms, une émission dramatique ou toute autre production télévisuelle, cinématographique, ou audiovisuelle, quel qu'en soit le support, destinée à une exploitation publique ou privée, lucrative ou non (salles de cinéma ou de spectacles, télévision, circuits privés, ciné-clubs publics ou privés, grandes surfaces), vidéodisque, DVD, CDI, CD, et autre média. Cette définition est tirée du lexique annexé à l'accord national des salaires.

Ouverture en fondu : apparition progressive de l'image en début de plan*.

PAD (pour « prêt à diffuser ») : bande magnétique (ou DVD ou fichier numérique) d'un film ou d'un programme vérifié dans sa conformité technique (étalonné à l'image, calibré au son et prêt à être diffusé).

Plan : suite ininterrompue d'images enregistrées en une seule prise. C'est donc un segment de film dont la valeur est déterminée tout à la fois par la durée, l'axe optique de la caméra, le mouvement de l'appareil, et le rapport de proportion entre le sujet ou l'objet filmé et le cadre.

Play-back : présonorisation. Antonyme du doublage*, le play-back est l'interprétation mimée à l'image par un comédien (ou un chanteur) d'un enregistrement sonore antérieur.

Postsynchronisation : enregistrement et synchronisation du son postérieurement à l'image réalisée et, dans le cas précis du comédien, des dialogues qu'il a lui-même interprétés à l'image.

Raccord : passage d'un plan* à un autre et/ou d'une séquence* à une autre, pour en assurer la continuité (effet de liaison) ou la rupture (faux raccord).

Rapport 1/8 : le rapport 1/8 lie la longueur de la bande image à celle de la bande rythmo* de telle manière que le défilement de la bande calligraphiée soit synchrone avec l'image du film correspondant. En d'autres termes, la bande rythmo défile huit fois moins vite que le film.

Recorder : technicien du son responsable de l'enregistrement dans les studios.

Retake : travail consistant, pour un comédien, à enregistrer une nouvelle fois tout ou partie du doublage qu'il a déjà effectué.

Sitcom (pour *situation comedy*) : comédie de situation (voir aussi soap, telenovelas), série vidéo tournée en studio en multi-caméra. La facture esthétique de ce genre de série se caractérise par une image plate, brillante et sans relief à laquelle répond le jeu sans nuances des comédiens.

Séquence : action dramatique autonome composée d'un ou de plusieurs plans* ou scènes.

Soap (pour *soap opera*) : feuilleton à l'eau de rose ou mélo (voir aussi sitcom, telenovelas).

Sous-titrage : texte en surimpression, en bas de l'image d'un film, offrant une traduction condensée des dialogues.

Superviseur : nommé par la production pour sa maîtrise de la langue de doublage du film et afin de défendre les intérêts de ce dernier, le superviseur contrôle la qualité des adaptations ainsi que la justesse du jeu des interprètes.

Synchronisme : au cinéma, simultanéité de l'image et du son.

Telenovelas : feuilleton mélodramatique d'origine brésilienne (voir aussi soap, sitcom).

Time code : code temporel ou temps codé à 8 chiffres identifiant chaque image enregistrée sur une bande vidéo en heures, minutes, secondes, images. Ainsi, les quatre paires de chiffres « 17 07 19 10 » traduisent la dixième image, de la vingtième seconde, dans la huitième minute qui suit la dix-septième heure.

Voice over : voix hors champ d'un comédien commentant l'action ou se superposant aux dialogues originaux.

Voix off : voix hors champ* d'un comédien participant à l'action mais non visible dans l'espace filmique.

Écoles et formations

AIDAC (Associazione Italiana Dialoghisti Adattatori Cinetelevisivi, Association italienne des traducteurs pour le cinéma et la télévision)
Vous trouverez sur le site de cette association italienne les adresses Internet de dictionnaires en ligne, ainsi que celles d'institutions, écoles, universités et formations dédiées à la traduction et au doublage en Europe et dans le monde.
Via Asiago, 8 - 00195 Rome, Italie
Tél. : 00 39 6 3203902 - Fax : 00 39 6 37351400
E-mail : aidac@geocities.com
Adresse Internet : www.aidac.it

ESIT (École supérieure d'interprètes et de traducteurs)
Cette école dispense une formation à l'audio-description.
Centre Universitaire Dauphine - 75775 Paris Cedex 16, France
Adresse Internet : www.esit.univ-paris3.fr

INA (Institut national de l'audiovisuel)

L'INA propose à destination des comédiens des stages pour se familiariser avec le doublage et la postsynchro. Intitulé du stage : « Le comédien et la synchro ».
4, avenue de l'Europe - 94366 Bry-sur-Marne, France
Tél. : 01 49 83 20 00 - E-mail : formation@ina.fr
Adresse Internet : www.ina.fr/formation

ISTI (Institut supérieur de traducteurs et interprètes, haute école de Bruxelles)

L'ISTI forme des traducteurs et interprètes de niveau universitaire en cinq années. Le DESS de l'ISTI propose une spécialisation dans les thématiques suivantes : localisation, sous-titrage, surtitrage, traductique et terminologie.
34, rue Hazard - BP 1180 Bruxelles, Belgique
Tél. : 00 32 2 340 12 80 - Fax : 00 32 2 346 21 34
E-mail : info@isti.be
Adresse Internet : www.heb.be/isti/

Le magasin – École aux métiers de l'acteur et du comédien

En partenariat avec l'AFDAS, cette école propose des stages pour familiariser le comédien aux techniques et au langage du doublage.
144, avenue Pierre-Brossolette - 92240 Malakoff, France
Tél. : 01 49 65 49 52 - E-mail : adm@lemagasin.org
Adresse Internet : www.lemagasin.org

L'outil social

Cette association propose une palette de stages de formation touchant de façon quasi exhaustive les métiers de la bande rythmo (il ne manque que la calligraphie) : formations au métier de détecteur, formation de traducteur dialoguiste et formation de comédiens aux techniques du doublage.
22, rue Notre-Dame-de-Nazareth - 75003 Paris, France
Tél./fax : 01 42 77 33 10 - Port. : 06 03 02 54 14
E-mail : annieghirardi@orange.fr

Université Charles de Gaulle - Lille III
Cette université propose un Master dédié aux métiers touchant la traduction et l'adaptation cinématographique (adaptation, sous-titrage), dit master MéLexTra (Métiers du lexique et de la traduction) anglais-français.
UFR Angellier 1, Bâtiment B, niveau forum -1
BP 149, 59653 Villeneuve d'Ascq, France
Tél. : 03 20 41 60 93
Adresses Internet : www.univ-lille3.fr/ufr/bibangellier/
www.atlf.org/formation/audiovisuel

Université Toulouse Le Mirail II
L'IUP « Métiers de l'information et de la communication : traduction et interprétation » forme des spécialistes de la traduction et de l'interprétation, notamment dans la localisation de logiciels, le sous-titrage et la gestion de sites Web multilingues.
5, allée Antonio-Machado - 31058 Toulouse Cedex 9, France
Tél. : 05 61 50 49 51
Adresses Internet : www.univ-tlse2.fr
www.univ-tlse2.fr/iup-traduction-interpretation/

Université Paris X — Nanterre
Cette université propose un Master de traduction anglaise spécialisée, mention Audiovisuel, dont le but est de donner aux étudiants une méthodologie de la traduction et la maîtrise des outils professionnels (logiciels spécialisés, dictionnaires en ligne, sites Web spécifiques), ainsi que la maîtrise des techniques du doublage et du sous-titrage.
UFR d'Études anglo-américaines
Bâtiment E, Secrétariat du 3e cycle, bureau E 320
200, avenue de la République - 92001 Nanterre Cedex, France
Tél. : 01 40 97 76 04 - Adresse Internet : www.anglais.u-paris10.fr

Pour un recensement plus exhaustif des masters :
www.parisetudiant.com/etudes/master/

Studios de doublage

Cette sélection est faite pour vous montrer la diversité de la profession et des lieux dans lesquels vous pourrez être appelé à travailler. Diversités des entreprises en termes d'ambiance et de travail (Libra Films n'a rien en commun avec Dubbing Brothers par exemple), diversité des activités au sein d'un même studio (doublage et mixage), mais aussi diversité des outils (comme la chaîne numérique des studios Chinkel).

Téléphoner pour proposer vos services ou envoyer des CV ne sert à rien. Il faut aller sur place, demander en toute humilité les coordonnées de détecteurs et de calligraphes ou, si vous êtes comédien ou adaptateur, la permission d'assister à une séance d'enregistrement ou de vérification. Ce n'est qu'en allant dans les studios, en traînant dans les couloirs et dans les auditoria que vous pourrez vous faire connaître et créer votre réseau.

Alter Ego
2 auditoria en interne dédiés au doublage.
12, rue Clavel - 75019 Paris, France
Tél. : 01 44 52 23 03 - Fax : 01 42 40 92 45
E-mail : alterego@alterego75.fr

Avia Paris
Avia est un prestataire de services qui n'est pas lié de manière exclusive au doublage. 2 auditoria en interne.
31, quai d'Anjou - 75004 Paris, France
Tél. : 01 43 29 92 20 - Fax : 01 43 25 18 64
E-mail : aviaparis@imaginet.fr

Chinkel
Doublage et postsynchro. Traitement intégral des métiers de la rythmo (détection, adaptation, calligraphie) en numérique.
8 auditoria équipés.

23, rue Fontaine - 75009 Paris, France
Tél. : 01 53 20 08 08 - Fax : 01 53 20 41 00
E-mail : chinkel@chinkel.com
Adresse Internet : www.chinkel.com

Cinéphase

Cinéphase est un prestataire de services qui n'est pas lié de manière exclusive au doublage. 4 auditoria en interne.
22, avenue Marcel-Martinie - 92170 Vanves, France
Tél. : 01 41 09 73 73 - Fax : 01 41 09 72 54
Adresse Internet : www.cinephase.com

Deluxe Dubbing

Ce doubleur indépendant, qui compte une filiale en Belgique (Made in Europe), loue studios et auditoria en fonction de son carnet de commandes. Dans un avenir proche, Deluxe va compter six studios en interne, dont un dédié au long métrage 35 mm.
40, rue du Professeur-Gosset - 75018 Paris, France
Tél. : 01 40 12 00 58 - Fax : 01 40 12 68 19
Adresse Internet : www.deluxedubbing.com

Dovidis

Dovidis est un prestataire de services qui n'est pas lié de manière exclusive au doublage. 2 auditoria en interne.
42 bis, rue de Lourmel - 75015 Paris, France
Tél. : 01 45 79 41 89 - Fax : 01 45 79 46 61
E-mail : dovidis@wanadoo.fr

Dubbing Brothers

Incontournable dans le métier. Le doublage à l'échelle industrielle. 14 auditoria à la Plaine-Saint-Denis, auxquels se rajoutent 8 autres à Épinay-sur-Seine (Sonodi).
19, rue de la Montjoie - 93210 La-Plaine-Saint-Denis, France
Tél. : 01 49 17 54 90 - Fax : 01 49 17 03 70
E-mail : info@dubbing-brothers.fr
Adresse Internet : www.dubbing-brothers.com

Dub'Club

Doublage et postsynchro. 1 auditorium en interne.
99, rue Croix-Maillet - 95340 Ronquerolles, France
Tél : 01 39 37 23 81 - Fax : 01 39 37 20 68
E-mail : info@dubclub.fr
Adresse Internet : www.dubclub.fr

Jackson

Ce centre de postproduction a récemment été racheté par Télétota. Principalement dédié au mixage de films, et incidemment au doublage, ce studio compte : 4 auditoria cinéma, 1 auditorium télé, 4 studios numériques, 7 auditoria d'enregistrement audio et vidéo, 14 salles de montage image et son.
44-50, avenue du Capitaine-Glarner- 93585 Saint-Ouen Cedex, France - Tél. : 01 40 99 54 50 - Fax : 01 49 48 63 12
E-mail : info@jackson.fr
Adresse Internet : www.jackson.fr

Karina Films

Doublage et postsynchro. 3 auditoria en interne.
35, boulevard Berthier - 75017 Paris, France
Tél. : 01 56 33 39 40 - Fax : 01 56 33 39 45
E-mail : paris-studios@wanadoo.fr
Adresse Internet : www.karinafilms.com

Libra Films

Doublage et postsynchro. 2 auditoria en interne.
Bureau : 47, rue de Paradis - 75010 Paris, France
Tél. : 01 45 23 82 22 - Fax : 01 45 23 82 23
Studio : 3, rue Chemin-Vert - 93800 Épinay-sur-Seine, France
Tél : 01 48 27 59 01 - Fax : 01 48 27 75 86
E-mail : librafilms@libra-films.fr

Mediadub International

Doublage et postsynchro. 3 auditoria en interne dédiés principalement à la série et au téléfilm.

166, rue André-Karman - 93300 Aubervilliers, France
Tél. : 01 48 11 28 80 - Fax : 01 48 34 52 91
E-mail : mediadub@ mediadub.fr
Adresse Internet : www.mediadub.fr

Midi-Sync

Doublage et postsynchro. Utilisation en interne d'une rythmo virtuelle pour la détection, l'adaptation et la calligraphie : la Rythmique. 1 auditorium en interne et 2 plateaux d'enregistrement.
4 bis, avenue Curie - 92370 Chaville, France
Tél. : 01 47 09 88 44 - Fax : 01 47 50 50 36
E-mail : info@midisync.com
Adresse Internet : www.midisync.com

Sofi

10, avenue Messine - 75008 Paris, France
Tél. : 01 42 61 54 40 - Fax : 01 42 61 64 69
E-mail : sofiparis@sofi-paris.com
Adresse Internet : www.sofi-paris.com

SPS – Synchro 7

SPS est un prestataire de services qui n'est pas lié de manière exclusive au doublage. 2 auditoria en interne.
8, rue Leredde - 75013 Paris, France
Tél. : 01 45 83 37 77 - Fax : 01 45 70 96 17

Studio de Belleville

Le Studio de Belleville est un prestataire de services qui n'est pas lié de manière exclusive au doublage. 3 auditoria en interne.
53, rue de Belleville - 75019 Paris, France
Tél. : 01 40 40 79 12 - Fax : 01 40 40 79 13
E-mail : info@studiobelleville.com
Adresse Internet : www.studiobelleville.com

Studio Lincoln

Doublage et postsynchro. 4 auditoria en interne (2 auditoria

d'enregistrement et 2 auditoria de mixage)
14, rue Lincoln - 75008 Paris, France
Tél. : 01 56 59 68 68 - Fax : 01 45 63 32 08
E-mail : standard@studio-lincoln.com
Adresse Internet : www.studio-lincoln.com

Teletota

Au sein de ce groupe tentaculaire, le département « Franc Jeu »
joue le rôle de doubleur et s'occupe du doublage et de l'adaptation.
2, rue du Bac - 92158 Suresnes, France
Tél. : 01 40 99 50 50 - Fax : 01 45 06 04 05
E-mail : information@teletota.fr
Adresse Internet : www.teletota.fr

Tri Track Sync

Doublage et post-synchro. Cette société s'occupe essentiellement des travaux techniques de postsynchro. Aucun auditorium
en interne.
14, rue du Château - 92250 La Garenne-Colombes, France
Tél. : 01 47 81 61 27 / 01 46 52 77 19 - Fax : 01 47 86 25 29

Wantake

Doublage et postsynchro. Le studio Wantake a développé un
logiciel interne de rythmo numérique : Gothorythmo. 2 audito-
ria en interne.
165, avenue Henri Ginoux - 92120 Montrouge, France
Tél : 01 42 31 26 10 ou 06 68 70 15 49
E-mail : contact@wantake.com
Pour les comédiens et les adaptateurs : job@wantake.com
Adresse Internet : www.wantake.com

**Pour une liste plus exhaustive des studios de doublage à Paris
et en province**
http://lmds.forumactif.com/sutra2855-Les-studios-de-
doublage.htm

Machines et fournisseurs

Dans ce secteur de niche qu'est le doublage, comme dans toute économie de l'offre et de la demande, le marché fait sa loi. Ici, il est façonné tout autant par les doubleurs, les détecteurs, les adaptateurs et les calligraphes, que par le parc des machines existant et la compatibilité des diverses machines entre elles.

Orphée

Rythmo électromécanique développée par Acropole International Movies. Défileur 35 mm à commande électronique. Interface pour tables de montage cinéma, magnétoscopes professionnels et ordinateurs à partir de windows 2000. Cette machine reste la première du marché.

Callisto

Table de calligraphie. Prototype mis au point par Acropole International Movies et dont la mise en production n'est envisagée que par série de 10 exemplaires.
Acropole International Movies
19, avenue Fauveau - 93800 Épinay-sur-Seine, France
Tél. : 01 48 22 25 95 - Fax : 01 48 2717 72
E-mail : acropole@free.fr

Cappella®

Logiciel de bande rythmo virtuelle développé par Chinkel permettant de visionner le film sur PC, d'écrire au clavier la détection, l'adaptation et la calligraphie et d'éditer également le croisillé.
La rythmo Capella est à usage réglementé, en exploitation centralisée dans 4 auditoria à Paris.
Chinkel France
23, rue Fontaine - 75009 Paris, France
Tél. : 01 53 20 08 08 - Fax : 01 53 20 41 00
E-mail : chinkel@chinkel.com

Ciné style

Système de doublage virtuel développé par CTM permettant l'édition d'une bande rythmo informatique ainsi qu'une détection, adaptation et calligraphie virtuelles.
CTM Solutions - 125, rue Louis-Roche - 92230 Gennevilliers, France
Tél. : 01 40 85 82 82
E-mail : info@ctmsolutions.com

La rythmique

Cette rythmo virtuelle est en exploitation dans les studios Midi-Sync de Chaville. Quatre unités en interne.
Midi-Sync - 4 bis, avenue Curie-92370 Chaville, France
Tél. : 01 47 09 88 44 - Fax : 01 47 50 50 36
E-mail : info@midisync.com
Adresse Internet : www.midisync.com

Sites dédiés au cinéma et au doublage

Sur la naissance du sous-titre et du doublage, voir le travail de Rié Kitada
www.cmn.hs.h.kyoto-u.ac.jp/CMN4/kitada.files/riekitada.htm

Sur la traduction audiovisuelle, voir le travail de Yves Gambier
www.erudit.org/revue/ttr/2002/v15/n2/007485ar.pdf
www.erudit.org/revue/meta/2004/v49/n1/009015ar.pdf

Sur le sous-titrage et ses implications linguistiques, lexicales et techniques, voir la thèse de Paul Memmi
Étude sémio-linguistique du sous-titrage pour une écriture concise assistée par ordinateur (ÉCAO) avec application à

l'audiovisuel, référencée au catalogue des thèses du SCD de l'Université de Paris X Nanterre, cote T 05 PA 10-69.

Pour toute information (historique, technique, portraits, interviews, témoignages, conseils, actualités, etc.) touchant au doublage et à ses métiers
www.objectif-cinema.com
www.lagazettedudoublage.com

Pour toute autre définition de termes techniques, voir l'adresse Internet
www.ccvaf.ch/glossaire/glossairea.asp

Pour toute information complémentaire sur les films, voir l'adresse Internet
www.imdb.com

Adresses utiles

Pour toute question concernant la sécurité sociale des auteurs
AGESSA (Association pour la gestion de la sécurité sociale des auteurs)
21, bis rue de Bruxelles - 75009 Paris, France
Tél. : 01 48 78 25 00 - Fax : 01 48 78 60 00
E-mail : contact@agessa.org
Adresse Internet : www.agessa.org

Pour toute question concernant le statut d'intermittent
ANPE du Spectacle
50, rue de Malte - 75011 Paris, France
Tél. : 01 53 36 28 28
Adresse Internet : www.anpe.fr

Ressources documentaires, informations juridiques, base de données, etc. à destination du comédien
Centre national du théâtre
6, rue de Braque - 75003 Paris, France
Tél. : 01 44 61 84 85
Adresse Internet : www.cnt.asso.fr

Les syndicats professionnels
FICAM (Fédération des industries du cinéma, de l'audiovisuel et du multimédia)
11-17, rue de l'Amiral-Hamelin - 75116 Paris, France
Tél. : 01 45 05 72 55 - Fax : 01 45 05 72 50
E-mail : info@ficam.fr
Adresse Internet : www.ficam.fr

SNTPCT (Syndicat national des techniciens et travailleurs de la production cinématographique et de la télévision)
10, rue de Trétaigne - 75018 Paris, France
Tél. : 01 42 55 82 66 - Fax : 01 42 52 56 26
Adresse Internet : www.sntpct.fr

Les sociétés d'auteurs
SACEM (Société des auteurs, compositeurs et éditeurs de musique)
225, avenue Charles-de-Gaulle - 92528 Neuilly-sur-Seine, France
Tél. : 01 47 15 47 15 - Fax : 01 47 15 47 16
Adresse Internet : www.sacem.fr

SACD (Société des auteurs et compositeurs dramatiques)
11 bis, rue Ballu - 75009 Paris, France
Tél. : 01 40 23 44 44 - Fax : 01 45 26 74 28
E-mail : webmaster@sacd.fr
Adresse Internet : www.sacd.fr

SCAM (Société civile des auteurs multimédia)
5, rue Vélasquez - 75008 Paris, France

Tél. : 01 56 69 58 58 - Fax : 01 56 69 58 59
E-mail : communication@scam.fr
Adresse Internet : www.scam.fr

SGDL (Société des gens de lettres de France)
Hôtel de Massa
38, rue du Faubourg-Saint-Jacques - 75014 Paris, France
Tél. : 01 53 10 12 00 - Fax : 01 53 10 12 12
E-mail : sgdlf@wanadoo.fr
Adresse Internet : www.sgdl.org

SNAC (Syndicat national des auteurs et compositeurs)
80, rue Taitbout - 75009 Paris, France
Tél. : 01 48 74 96 30 - Fax : 01 42 81 40 21
E-mail : snac.fr@wanaoo.fr
Adresse Internet : www.snac.fr

Pour connaître la convention collective des métiers du doublage
www.la-convention-collective.com

Pour connaître les tarifs syndicaux
www.snla-fo.com/pages/accord_salaire_doublage.html
www.sfa-cgt.fr/Accord-salaires.pdf

La première édition du **salon du cinéma** a eu lieu en janvier 2007 au parc des expositions, porte de Versailles. Cet événement permet la rencontre entre le public et les professionnels du cinéma pendant 3 jours.
Informations sur le site www.salonducinema.com

Bibliographie

Sur le cinéma en général
Vocabulaire technique du cinéma, de Vincent Pinel, éditions Nathan, 1996.

Sur le monde et les métiers du doublage
Rencontre autour du doublage des films et des séries télé, sous la direction de François Justamand, assisté de Thierry Attard, éditions Objectif Cinéma, 2006.

Revue d'informations techniques sur le son, l'image et la postproduction
Sonovision
Studio Press/Roularta Media France
11, rue Charles-Schmidt - 93406 Saint-Ouen
info@sonovision.com

Annuaire professionnel
Annuaire Bellefaye. Parution annuelle. Informations et accès aux fiches sur le site www.bellefaye.com

Filmographie

L'Ange bleu (Der Blaue Engel) – 1930 – Réalisation : Josef von Sternberg – Production : Universum Film A. G. (UFA).
Ben Hur – 1959 – Réalisation : William Wyler – Production : Metro Goldwin Meyer.
Certains l'aiment chaud (Some like it hot) – 1959 – Réalisation : Billy Wilder – Production : Metro Goldwyn Meyer.
Le Chanteur de jazz (The Jazz Singer) – 1927 – Réalisation : Alan Crosland – Production : Warner Bros.

Les Contes de Canterbury (I Racconti Di Canterbury) – 1971 – Réalisation : Pier Paolo Pasolini – Production : P.E.A.-Produzioni Europee Associate s.a.s.

La Dialectique peut-elle casser des briques ? – 1973 – Réalisation : René Viénet & Doo Kwang Gee – Distribution : Telemondial.

Don Juan – 1926 – Réalisation : Alan Crosland – Production : Warner Bros.

Les Ensorcelés (The Bad and the Beautiful) – 1952 – Réalisation : Vicente Minnelli – Production : Metro Goldwyn Meyer.

Félix au cirque (Felix wins out) – 1923 – Réalisation : Otto Messmer – Production : Pat Sullivans Cartoons.

Les Feux de l'amour (The Young and The Restless) - 1973 (début de la série) – Série inventée par Lee Phillip Bell et William J. Bell – Production : Bell Dramatic Serial Inc., Sony Pictures Television, Bell-Phillip Television Productions Inc., CBS Entertainment Production, Columbia Broadcasting System (CBS), Columbia Pictures Television, Corday Productions, Screen Gems Television.

Hallelujah – 1929 – Réalisation : King Vidor – Production : Metro Goldwyn Meyer.

Une histoire d'amour - 1933, *Libelei* – 1932 – Réalisation : Max Ophuls – Production : Alma-Sepic, Astra Film.

Jour obscur – 1992 – Réalisation : Thierry Le Nouvel – Production : Revfilms, Thème Production.

Le Juif Süß (Jud Süß) – 1940 – Réalisation : Veit Harlan – Production : UFA.

Noblesse oblige (Kind hearts and coronets) – 1949 – Réalisation : Robert Hamer – Production : Ealing Studios.

Nuit et Brouillard – 1955 – Réalisation : Alain Resnais – Production : Argos.

Salo et les 120 jours de Sodome – 1975 – Réalisation : Pier Paolo Pasolini – Production : P.E.A-UA-United Artists.

Steamboat Willie – 1928 – Réalisation : Walt Disney & Ub Iwerks – Production : Walt Disney Productions.

Filmographie complémentaire

Sur l'histoire du passage du muet au parlant
Chantons sous la pluie (Singin' In The Rain) – 1952 – Réalisation : Stanley Donen – Production : Metro Goldwyn Meyer.

Sur le doublage
Salut l'artiste – 1973 – Réalisation : Yves Robert – Production : Gaumont International.

Documentaire en DVD sur l'histoire du cinéma et les balbutiements du synchronisme et de la bande rythmo
Les Premiers Pas du cinéma, la naissance du son et de la couleur – 2003 – Réalisation : Éric Lange et Serge Bromberg – Production : Lobster Films/Histoire.